Spezielle News, Lesermeinungen und Angebote zur Lausitz:
www.marcopolo.de/lausitz

MARCO POLO Autoren
Kerstin Sucher und
Bernd Wurlitzer
(siehe S. 126)

> Der Spreewald und das Zittauer
Gebirge sind die touristischen
Glanzpunkte. Noch! Gegenwärtig
verwandeln sich Braunkohlegruben
in die Lausitzer Seenkette. Einfach
toll!

TSCHECH.

Sachsen — Dresden

Thüringen — Hessen — Bonn

Leipzig — Erfurt — Düsseldorf

Lausitz/ Spreewald

Cottbus

Nordrhein-
Westfalen

Magdeburg

Sachsen-
Anhalt

Hannover — Niedersachsen

NIEDER-
LANDE

Potsdam — Berlin

Brandenburg

Bremen

Hamburg

Mecklenburg-
Vorpommern

Schleswig-
Holstein

Nordsee

Reisen mit
**Insider
Tipps**

LAUSITZ
SPREEWALD, ZITTAUER GEBIRGE

MARCO ⊕ POLO

■ ZITTAUER GEBIRGE 80
■ OBERLAUSITZ 58
■ NIEDERLAUSITZ UND NEISSETAL 46
■ SPREEWALD 30

■ EINKAUFEN 28
■ ESSEN & TRINKEN 24
■ EVENTS, FESTE & MEHR 22
■ STICHWORTE 16

■ SZENE 12

■ AUFTAKT 6

■ DIE BESTEN MARCO POLO HIGHLIGHTS 4
■ DIE BESTEN MARCO POLO INSIDER-TIPPS .... UMSCHLAG

> SYMBOLE

Insider Tipp
MARCO POLO INSIDER-TIPPS
Von unseren Autoren für Sie entdeckt

★ **MARCO POLO HIGHLIGHTS**
Alles, was Sie in der Lausitz kennen sollten

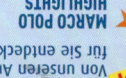 **SCHÖNE AUSSICHT**

 **WLAN-HOTSPOT**

▶▶ **HIER TRIFFT SICH DIE SZENE**

> PREISKATEGORIEN

HOTELS
€€€ über 100 Euro
€€ 70–100 Euro
€ unter 70 Euro
Die Preise gelten pro Nacht für zwei Personen im Doppelzimmer mit Frühstück zur Hochsaison

RESTAURANTS
€€€ über 13 Euro
€€ 10–13 Euro
€ unter 10 Euro
Die Preise gelten für ein Hauptgericht ohne Vor- und Nachspeise und ohne Getränke

> KARTEN

[110 A1] Seitenzahlen und Koordinaten für den Reiseatlas Lausitz/Spreewald

Karten von Bautzen, Cottbus, Görlitz und Zittau finden Sie im hinteren Umschlag

Zu Ihrer Orientierung sind auch die Orte mit Koordinaten versehen, die nicht im Reiseatlas eingetragen sind

LAUSITZ

INHALT

> SZENE

S. 12–15: Trends, Entdeckungen, Hotspots! Was wann wo in der Lausitz los ist, verrät der MARCO POLO Szeneautor vor Ort

> 24 STUNDEN

S. 94/95: Action pur und einmalige Erlebnisse in 24 Stunden! MARCO POLO hat für Sie einen außergewöhnlichen Tag in Cottbus zusammengestellt

> LOW BUDGET

Viel erleben für wenig Geld! Wo Sie zu kleinen Preisen etwas Besonderes genießen und tolle Schnäppchen machen können:

In der Nebensaison feudal wohnen S. 42 | In der Kleingruppe günstig durchs Land S. 50 | Rippchen satt im Mönchshof S. 62 | In und um Zittau preiswert übernachten S. 88

> GUT ZU WISSEN

Was war wann? S. 10 | Spezialitäten S. 26 | Bücher & Filme S. 40 | Landschaftsbaustelle S. 56 | Die Spendermillionen S. 68 | Blogs & Podcasts S. 70 | www.marcopolo.de S. 104 | Was kostet wie viel? S. 105 | Wetter in Cottbus S. 106

AUF DEM TITEL
Events in alten Fabriken S. 14 Spaß bei den Lübbener Kahnnächten S. 36

AUSFLÜGE & TOUREN	....	**90**
24 STUNDEN IN COTTBUS	....	**94**
SPORT & AKTIVITÄTEN	....	**96**
MIT KINDERN REISEN	....	**100**
PRAKTISCHE HINWEISE	....	**104**
REISEATLAS LAUSITZ	....	**108**
KARTENLEGENDE REISEATLAS	....	**122**
REGISTER	....	**124**
IMPRESSUM	....	**125**
UNSERE AUTOREN	....	**126**
BLOSS NICHT!	....	**128**

ENTDECKEN SIE DIE LAUSITZ!

Unsere Top 15 führen Sie an die traumhaftesten Orte und zu den spannendsten Sehenswürdigkeiten

Die Highlights sind in der Karte auf dem hinteren Umschlag eingetragen

 Osterreiten
Geschmückte Pferde, stolze Reiter mit Gehrock und Zylinder sowie Zehntausende von Zuschauern (Seite 22)

 Zur Bleiche Resort & Spa
Das Hotel im Spreewalddorf Burg befriedigt auch höchste Ansprüche (Seite 33)

 Lehde
Durch Theodor Fontane ging das Spreewalddorf in die Literatur ein (Seite 34)

 Glashütte
Museumsdorf mit Glasbläserei, Töpferei, Café, Kräutergarten und zahlreichen Veranstaltungen (Seite 38)

 Tropical Islands Resort
Südsee, Regenwald, Tropendorf und prächtige Orchideen in Brand am Spreewaldrand (Seite 44)

 Klosterkirche Neuzelle
Die Klosterkirche bei Guben prunkt mit Barockschmuck in kaum vorstellbarer Fülle (Seite 52)

 Besucherbergwerk F 60
Herzstück der Anlage bei Lichterfeld ist die mit 501 m längste Braunkohle-Abraumförderbrücke, die es je auf der Welt gab (Seite 54)

 Senftenberger See
Ein Sandstrand wie an der Ostsee am einstigen Braunkohletagebau (Seite 55)

> DIE BESTEN MARCO POLO HIGHLIGHTS

 Muskauer Park
Das Garten-Gesamtkunstwerk des Fürsten Hermann von Pückler-Muskau wurde Unesco-Welterbe (Seite 60)

 Kleinwelka
Respekt einflößende Dinosaurier in Originalgröße, die nie ein Mensch gesehen hat (Seite 65)

 Görlitzer Altstadt
Die Grenzstadt besitzt eine der bedeutendsten Renaissanceanlagen nördlich der Alpen (Seite 67)

 König-Friedrich-August-Turm
Spannender Blick von einem Prachtstück deutscher Eisengießerkunst in Löbau (Seite 77)

 Zittauer Schmalspurbahn
Seit über 100 Jahren verkehren die bis heute von Dampflokomotiven gezogenen Züge zwischen Zittau und den Kurorten Oybin und Jonsdorf (Seite 84)

 Burg- und Klosteranlage Berg Oybin
Der Sandsteinfelsen sieht aus wie ein mitten im Ort abgestellter Bienenkorb (Seite 85)

 Großes und Kleines Zittauer Fastentuch
Das Franziskanerkloster und die Kirche zum Heiligen Kreuz in Zittau bergen diese wertvollen Meisterwerke mittelalterlicher Sakralkunst in Deutschland (Seite 88)

WAS FÜR EINE REGION!

Bootshafen bei Burg im Spreewald

> Im Spreewald lässt man sich durch das Wasserlabyrinth der Fließe staken, und das Zittauer Gebirge ist ein abwechslungsreiches Wander- und Kletterparadies. Die Radler haben die Lausitz längst erobert. Segeln, Paddeln und Badespaß bieten die zahlreichen natürlichen Seen sowie die entstehende Lausitzer Seenkette mit Marinas und schwimmenden Häusern. In den malerischen Gassen traditionsreicher Städte bummeln Sie durch vergangene Jahrhunderte. Die Lausitz ist auch das Zuhause der Sorben, erkennbar an zweisprachigen Orts- und Straßenschildern und farbenfrohen Trachten.

> Der Spreewald mit seinem Fließgewässernetz und das Zittauer Gebirge mit seinen markanten Felsen sind die Glanzpunkte der Lausitz. Bald wird ein weiterer hinzukommen: die Lausitzer Seenkette, Europas größte künstlich geschaffene Seenlandschaft. Eine Überraschung für Gäste sind die zweisprachigen Straßen- und Ortsschilder und vielleicht die Begrüßung mit „Witajce k nam!". Das ist Sorbisch und heißt „Herzlich willkommen!".

Vom Spreewald bis zum Oberlausitzer Bergland leben neben der deutschen Bevölkerung als kleine slawische Minderheit etwa 60 000 Sorben. Sie prägen mit ihrer Sprache und ihrem Brauchtum die Lausitz, die nicht nur mit landschaftlicher Abwechslung aufwartet, sondern sich auch durch kulturelle Vielfalt und religiöse Besonderheiten auszeichnet.

Zu den großen kulturellen Leistungen der Sorben zählt, den Spreewald urbar gemacht zu haben. Mit seinem 970 km langen, fein gegliederten Fließgewässernetz gehört er zu den besonders eindrucksvollen Niederungslandschaften Europas. Am treffendsten charakterisierte den Spreewald der berühmte Arzt und Wissenschaftler Rudolf Virchow (1821 bis 1902) mit den Worten, in ihm sei „so viel landschaftliche Schönheit erhalten und diese von so ausgeprägter Eigenart, dass kaum eine andere Gegend von Deutschland ein Vergleichsobjekt darbietet".

> Romantische Winkel im Spreewald

Der Spreewald ist 75 km lang und bis zu 16 km breit, er teilt sich in den Unter- und den Oberspreewald. Die etwa 300 Fließe genannten Wasserarme sind oft die einzigen Verbindungswege zwischen den Gehöften, und der kiellose, flache Holzkahn mit dem Rudel ist das nach wie vor wichtigste Transportmittel. Rudel heißen

Die Wasserpyramide im Park Branitz birgt das Grab des Fürsten von Pückler-Muskau

die langen Stangen aus Eschen- oder Erlenholz, mit denen die Kähne fortbewegt werden. Eine Fahrt mit ihnen ist ein besonders schönes Erlebnis, vor allem im Frühjahr und im Herbst, wenn wenige Meter nach dem Ablegen im Kahnfährhafen Stille das Boot umgibt. In der Touristensaison dagegen starten in den Mittags- und frühen Nachmittagsstunden in Lübbenau, Lübben und Burg Dutzende von Kähnen, um Hunderte von Menschen in den Gaststätten an den Hauptkanälen abzusetzen. Wenn Sie im Sommer Natur pur möchten, sollten Sie in die Randdörfer wie Straupitz oder Raddusch fahren, denn die dort beginnenden Fahrten führen meist über weniger frequentierte Fließe. Und wer mit dem Paddelboot auf Reisen geht, wird über die Fülle an einsamen, romantischen Winkeln des Spreewalds staunen!

Der Name Lausitz ist eine historisch entstandene Landschaftsbezeich-

nung. Ursprünglich wurde unter Lausitz nur das Gebiet der heutigen Niederlausitz verstanden, die beim Unterspreewald beginnt und südlich von Senftenberg und Spremberg an die Oberlausitz stößt, die wiederum im Westen das Flüsschen Pulsnitz begrenzt. Der östliche Teil der Lausitz gehört seit 1945 zu Polen.

Große Teile der Lausitz boten bis in die jüngste Zeit erschreckende Bilder: gigantische Mondlandschaften, so weit das Augen reichte. Das waren

> Vom Braunkohletagebau zum Freizeitparadies

die Hinterlassenschaften des Braunkohleabbaus, der von der Mitte des 19. Jhs. an der Motor der industriellen Entwicklung dieser Region war. Durch Braunkohlebagger wurden Wälder, Äcker, Wiesen und ganze Dörfer vernichtet; Flüsse und Bäche wurden verlegt. In der DDR war das „Schwarze Gold" der wichtigste Energieträger – wie nirgendwo sonst in der Welt. Nach der Wiedervereinigung wurde die Produktion stark gedrosselt, die Rekultivierung der ausgekohlten Gruben forciert. Bereits zu DDR-Zeiten hatte man der Lausitzer Landschaft Freizeitoasen eingefügt. So sind der Knappen-, der Silber-, der Senftenberger- und der Olbersdorfer See mit ihren Sandstränden als Bade-, Segel-, Surf und Anglerparadiese beliebt. Mit Hochdruck arbeitet man gegenwärtig an der Lausitzer Seenkette. Rund 30 Seen wird sie umfassen, vielfach durch Kanäle miteinander verbunden. Die Seenkette

WAS WAR WANN?

Um 600 Slawische Stämme besiedeln das Land

Ab 1150 Fränkische, flämische, thüringische und sächsische Siedler kommen

1328 Erstmals wird der Name Spreewald genannt

1346 Der Oberlausitzer Sechsstädtebund mit Bautzen, Görlitz, Kamenz, Löbau, Zittau und Lauban (heute Polen) entsteht

1815 Die Niederlausitz und Teile der Oberlausitz mit Görlitz muss Sachsen auf dem Wiener Kongress an Preußen abtreten. Sie werden in die Provinz Brandenburg und Schlesien eingegliedert

1875 Verbot der sorbischen Sprache an den Schulen der preußischen Nieder- und Oberlausitz

1912 Gründung der Domowina in Hoyerswerda als sorbischer Dachverband

1950 Vertrag über die Anerkennung der Oder und Neiße als Staatsgrenze zwischen der DDR und Polen

1990 Erste freie Wahlen in der DDR, die Niederlausitz kommt zum neuen Bundesland Brandenburg, die Oberlausitz zum Freistaat Sachsen; Beitritt der DDR zur Bundesrepublik Deutschland

1992 In den Verfassungen von Brandenburg und Sachsen werden der Schutz und die Förderung der sorbischen Identität und Kultur festgeschrieben

2003 Mehr als zwanzig Seen entstehen aus ausgekohlten Braunkohlegruben

2004 Der Muskauer Park wird in die Unesco-Welterbeliste aufgenommen

2008 Die Lausitzer Seenkette nimmt Gestalt an

reicht im Norden an den Spreewald heran und im Südosten über Weißwasser bis nach Görlitz. Die Kartografen sind schon dabei, die Landkarten zu aktualisieren.

Bereits in früher Zeit haben Menschen diese Landschaft verändert. Die ausgedehnten Teichgebiete, die der Fischzucht dienen, entstanden meist bereits im Mittelalter, bildete doch Fisch die hauptsächliche Nahrung der katholischen Bevölkerung während der Fastenzeit. Menschliches Können schuf im vorigen Jahrhundert in der tristen Heidelandschaft zwei Prachtexemplare der Landschaftsgestaltung, die zu den herausragenden in Europa gehören. Hermann Fürst von Pückler-Muskau hat sie auf eigenem Grund und Boden kreiert: den Branitzer Park in der Niederlausitz und den Muskauer Park in der Oberlausitz. Hier scheint alles natürlich gewachsen, doch jeder Hügel, jeder See, jeder Baum wurde planvoll angelegt bzw. gepflanzt. In Branitz ließ der Fürst 400 Bäume herbeischaffen und rund 100 000 m³ Erde ausheben, was ihm den Spottnamen „Erdebändiger" einbrachte.

Der Spreewald ist flach wie ein Brett, und auch sonst weist die Niederlausitz nur wenige Hügel auf. Die Oberlausitz dagegen ist ein vielgestaltiges Mittelgebirge mit vulkanischen Kuppen, Bergrücken aus Granit und malerischen Tälern. Im Süden schieben sich dann die Berge in die Höhe; Sandsteinfelsen in mitunter skurrilen Formen bilden das Zittauer Gebirge, dessen größter Teil in Tschechien liegt, wo es Lužické hory (Lausitzer

Gebirge) heißt. Auf viele Berge in der Oberlausitz und im Zittauer Ge-

> *Lausitzer Seenplatte mit Freizeitwert*

birge setzte man Aussichtstürme, von denen Sie bis nach Tschechien und

Die Menschen in der Lausitz haben ihr Land nach 40 Jahren DDR-Miss-wirtschaft anziehender gemacht: Sie haben die Städte herausgeputzt, die Dörfer verschönert und verwandeln triste Braunkohlelandschaften in ein Wassersportparadies. Vieles für die Freizeitgestaltung ist bereits entstan-den: Radwege schlängeln sich durch

Fotogene Blütenpracht im Ostdeutschen Rosengarten in Forst

über die Lausitzer Neiße nach Polen schauen können. Mischwald mit Bu-chen, Eschen und Bergahorn über-zieht die Bergkämme, in den Tälern findet man Dörfer mit sogenannten Umgebindehäusern *(S. 21)*. Rund 4000 Exemplare dieser architektoni-schen Besonderheit gibt es noch in der Oberlausitz, sie stellen das größte geschlossene Gebiet einer Volks-architektur in Europa dar.

Wiesen und Wälder, und Bäder laden ein, allen voran das *Tropical-Islands-Resort,* Europas einmaliges Tropen-paradies. Unaufhaltsam wächst die Lausitzer Seenplatte mit Marinas, Bootsverleihen, schwimmenden Fe-rienhäusern, Wassersportschulen und Kanälen, die viele Seen miteinander verbunden werden. Die Lausitz ver-ändert ihr Gesicht. Allein das mitzu-erleben ist schon eine Reise wert.

▶▶ TREND GUIDE LAUSITZ

Die heißesten Entdeckungen und Hotspots! Unser Szene-Scout zeigt Ihnen, was angesagt ist

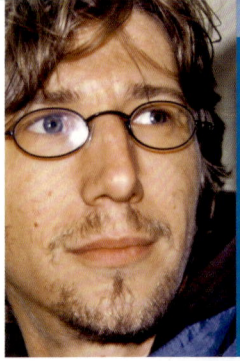

Lars Neuenfeld

Vor einigen Jahren hatte unser Szene-Scout einen eigenen Jazz- und Bluesclub, um sich dann dem Stadtmagazin *371* zu widmen. Als Chefredakteur ist er immer auf der Suche nach den angesagtesten Neuerungen der Region. Literatur ist eines seiner Steckenpferde: Er veranstaltet Lesungen und schreibt selbst Kurzgeschichten. Zum Entspannen zieht es ihn in die Natur. Wandern ist eine seiner Leidenschaften.

▶▶ TRABITIONELL

Go Trabi Go!

Die Autoindustrie mag in der Krise stecken, nicht aber der *Trabant*. Das Retro-Vehikel des Ostens wird von seinen Fans nach wie vor auf Hochglanz poliert und zu Oldtimerrallyes und Szenetreffs herausgeputzt. Vereine wie der *Trabant Power Lausitz 97 e.V.* veranstalten regelmäßig Treffen und stehen mit Rat und Tat bei der Trabi-Pflege und Erhaltung zur Seite (*www.rene.pw-serve.de*). Nicht weniger begeistert sind die Anhänger des *Trabiteams Löbau-Zittau* (*www.trabiteam.de*). Aktuelle Termine und Veranstaltungen gibt's auf der Website der Vereine. Regelmäßiger Treffpunkt für alle Trabi-Fahrer der Region ist der *Euro-Speedway Lausitz* (Lausitzallee 1, Klettwitz, *www.eurospeedway.com*, Foto), wo auch der *Trabant Lada Racing Cup* stattfindet (*www.tlrc.de*).

SZENE

▶▶ GRÜNE PROJEKTE

Natur und Umwelt

Die Entwicklung der Region liegt zahlreichen Vereinen am Herzen. Themen wie Gentechnik, Artenschutz und alternative Energien beschäftigen gemeinnützige Organisationen. Dem *Naturschutzzentrum Neukirch* liegen das Oberlausitzer Bergland und deren Tiere am Herzen u. a. der Schutz der Siebenschläfer. Freiwillige Helfer sind willkommen *(www.naturschutzzentrum-neukirch.de, Foto)*. Handfeste Projekte wie ein eigenes Bürgersolarwerk stehen neben Erziehungs- und Aufklärungsarbeit im Fokus der *Grünen Liga (www.grueneliga.de/sachsen)*. Nach dem Motto „Lassen Sie sich nicht verkohlen" kämpft der Dachverband der Grünen Liga gegen den Ausbau von Braunkohleförderung. Der Tagebau stört das Klima und den Wasserhaushalt der Region empfindlich *(www.lausitzer-braunkohle.de)*.

▶▶ GASTRO-ERLEBNIS

Kulinarische Interpretation

Spreewälder Gurken, Lausitzer Leinöl, frischer Fisch – wem läuft beim Gedanken an die kulinarischen Vorzüge der Lausitz nicht das Wasser im Mund zusammen? Klar, dass zahlreiche Restaurants die Spezialitäten der Region auf der Speisekarte haben. Wer aber nach kreativen Neuinterpretationen der alten sorbisch-lausitzer Kochkunst sucht, wird z. B. in der *Kolonieschänke* in Burg fündig. Der Küchenchef kombiniert u. a. Barsch aus dem nahegelegenen Grabensee mit einheimischen Pastinaken und Lauch, weißem Sesam und blauen Kartoffeln *(Ringchaussee 136, www.kolonieschaenke.de, Foto)*. Insbesondere der sorbischen Küche ist das *Bjesada* in Bautzen verpflichtet. Hier kommen traditionelle Leckereien in modern-schicken Ambiente auf den Teller *(Postplatz 2, www.bjesada.com)*. Mehrfach preisgekrönt ist die Küche im *Erbgericht Tautewalde* (Wilthen OT Tautewalde 61, *www.tautewalde.de*).

▶▶ GROSSE KUNST

Neue Landschaftsarchitektur

Industrie und Bergbau hinterließen in der Lausitz Kultur-
landschaften, die nun zur Spielwiese von Künstlern und
Landschaftsarchitekten werden. So findet man z. B. in
Pritzen und auf dem angrenzenden Gelände des Tagebaus
Greifenhain eine beeindruckende Land-Art-Galerie. Spannende Blicke in die Zukunft von Architektur und Landschaft
gewährt die *IBA (Seestr. 100, www.iba-see.de,* Foto*)*. Eines
ihrer Projekte ist z. B. die frühere *Abraumförderbrücke F60*
in Lichterfeld, die jede Nacht durch Licht- und Musikinstalla-
tionen künstlerisch in Szene gesetzt wird *(www.f60.de)*. In Cottbus kreierten Architektur-
studenten einladende Stadtgärten, die unter Titeln wie *Radikal gute Laune* oder *Looping*
als kunstvolle Oasen die Sinne begeistern *(www.hier-ist-der-garten.de)*.

▶▶ INDIEMUSIK

Alternativ und Hausgemacht

Zwischen den Metropolen Berlin und Dresden rockt
es gewaltig. Traditionell hat Cottbus einen exzellenten
Ruf in Sachen homemade music. Aktuell angesagt:
Indietronic Bands wie *Ortega (www.ortegamusic.com)*
oder *Garp (www.g-a-r-p.de,* Foto*)*. Dementsprechend
exzellent ist auch die Liveclubszene der Region, wie z. B. im *Bebel (Nordstr. 4, www.
bebel.de)* oder im *Chekov (Parzellenstr. 79)*. In Bischofswerda besticht der *East-Club* als
Livelocation mit ausgezeichnetem Programm *(Neustädter Str. 6, www.east-club.de)*

▶▶ KULTURINDUSTRIE

Moderner Schick in alten Fabriken

Industriebauten vergangener Tage verwandeln sich in
schicke Eventlocations. Einen Club und ein Restaurant vereint das *Mangold (August-Bebel-Straße 22-24, Cottbus,
www.club-mangold.de)*. Verschiedenste Veranstaltun-
gen finden in der *Alten Chemiefabrik* statt *(Parzellenstr. 21, Cottbus, www.alte-chemie
fabrik.de,* Foto*)*. Party & Konzerte gibt's im *Werkeins*, Kino & KLeinkunst im *Werkzwei* in Guben *(Mittelstr.18, www.fabrik-ev.de)*. In Cottbus stellen Architekten im Rahmen des Wett-
bewerbs *arch.stars* neue Raum- und Gebäudeideen vor *(Ende April, www.archstars.de)*.

▶▶ WILDE WASSER

Drachenboote erobern die Region

Die Lausitz ist mit ihren zahlreichen Gewässern ein Eldorado für packende Drachenboot-
rennen. 16 Paddler und ein Trommler jagen in Langbooten mit bis zu 20 km/h über die Lausitzer Seen oder Neisse und Spree. Im Vordergrund steht der Spaß, und nicht selten verklei-
den sich die Mannschaften, um in der Fun-Wertung ganz oben zu landen. Wichtige Dates:
Lausitz-Cup auf dem Senftenberger See *(Juni, Großkoschen, www.senftenberger-see.de),*
Lausitzer Seenland Rennen auf dem Partwitzer See *(Anfang August, Elsterheide,*
www.bluewater-events.de) oder das *Görlitzer Drachenbootfestival* auf dem Berzdorfer
See *(Ende Juni/Anfang Juli, www.bluewater-events.de,* Foto). Besonderes Highlight: das
Nightrace in Cottbus *(Ende Mai/ Anfang Juni).* In schrägen Outfits paddeln die Drachenbän-
diger flussaufwärts auf der in gleißendes Licht getauchten Spree. Immer am Start sind die
Black Rats aus Cottbus, die übrigens noch Gleichgesinnte suchen *(www.spreecanoeing.de).*

▶▶ NACHWUCHSREGISSEURE

Programmkino und Festivals

Lausitzer Orte waren schon Kulisse für
Tarantino- und Annaud-Filme, doch vor
allem junge Filmemacher lieben die Region. Kein Wunder, findet doch mit dem
Festival des osteuropäischen Films jährlich eines der wichtigsten deutschen
Filmfeste in Cottbus statt *(Mitte No-
vember, www.filmfestival.pool-produ-
ction.de).* Für den Nachwuchs besonders attraktiv ist der zeitgleich stattfin-
dende Pitchmarkt *Connecting Cottbus,* bei dem junge Autoren und Regisseure vor Publikum ihre Filmideen professionellen Produzenten vorstellen. Beim *Neisse Filmfestival* im
Dreiländereck rund um Zittau sind diejenigen Filmemacher richtig, die bereits etwas auf
Zelluloid gebannt haben *(Mitte Mai, www.neissefilmfestival.de).* Wer auch außerhalb der
Festivalzeit auf Programmkino nicht verzichten möchte, der vetraut auf das Triumvirat:
*Kunstbauerkino, (Am Sportplatz 3, Großhennersdorf), Kronenkino Zittau (Hillersche Villa,
Klienebergerplatz 1)* und *Steinhauskino* in Bautzen *(Steinstr. 37).*

> SORBEN UND UMGEBINDEHÄUSER

Das kleinste slawische Volk und eine seltene Baukunst gehören zu den Besonderheiten der Lausitz

BIOSPHÄREN-RESERVATE

Der Spreewald wurde mit einer Fläche von 47,6 km² zum Biosphärenreservat erklärt, um die Kulturlandschaft als Lebensraum zahlreicher Tier- und Pflanzenarten zu erhalten. Die schon heute intensive Belastung durch den Tourismus soll landschaftsschonend gesteuert werden.

Das Biosphärenreservat Oberlausitzer Heide- und Teichlandschaft, das einzige im Freistaat Sachsen, erstreckt sich mit einer Größe von 26,4 km² südlich von Hoyerswerda in östlicher Richtung. In diesem Gebiet existiert die bedeutendste Fischotterkolonie Deutschlands. Weltweit gibt es etwa 300 solcher zum Forschungsprogramm der Unesco „Der Mensch und die Biosphäre" gehörenden Schutzgebiete. In ihnen wird

Bild: Umgebindehaus

STICH WORTE

eine von Menschen geprägte Kulturlandschaft geschützt und gepflegt, im
Gegensatz zu den Nationalparks, in
denen sich die Natur nach ihren Ge-
setzen entwickeln darf.

BRAUNKOHLE

Seit Mitte des 19. Jhs. wird in der
Lausitz Braunkohle in großen Men-
gen abgebaut. Braunkohle ist reich
an bituminösen Bestandteilen und
verbrennt deshalb mit stark rußender
Flamme und unangenehmem Ge-
ruch. In der DDR diente die Braunkohle vor allem der Elektrizitäts- und
Gaserzeugung; aus ihr wurden auch
Benzin und Paraffine und zahlreiche
Rohstoffe für die chemische Industrie gewonnen. Der Abbau erfolgt in
Tagebauen; in der Lausitz wurde er
seit den Sechzigerjahren des 20. Jhs.
intensiviert. Nicht im gleichen Maße
entwickelte man die technischen Ein-

richtungen zur Reinhaltung der Luft, was zu starken Belastungen der Umwelt führte. Mit der Wiedervereinigung Deutschlands haben sich im Bedarf und Einsatz von Braunkohle und ihren Veredelungsprodukten bedeutende Veränderungen ergeben; der Abbau ging stark zurück. Gegenwärtig sind nur noch fünf der einst 17 Lausitzer Tagebaue in Betrieb.

EURO-SPEEDWAY LAUSITZ

Das Fürstentum Monaco würde zweimal in das Areal des Lausitzrings passen, wie die Rennstrecke im Volksmund heißt. 120 000 Zuschauerplätze sind vorhanden. Wenn Herbert Grönemeyer und andere Stars zu Openairkonzerten anreisen, drängen sich die Besucher. Zu Rennveranstaltungen sieht es dagegen mager aus, denn das angestrebte Ziel, Formel-1-Rennen auszutragen, löste sich in Luft auf. Im August 2000 wurde die mit rund 125 Mio. Euro Fördergeldern subventionierte Analge eröffnet, seitdem fährt sie nur Verluste ein.

FAUNA

Nach über 150 Jahren sind in der Muskauer Heide wieder Wölfe sesshaft. Die Tiere jagen in den ausgedehnten Kiefernwäldern und haben sich schon vermehrt. Ihr Zuhause ist der Truppenübungsplatz Nochten. In dem abgesperrten Terrain werden sie nicht durch Wanderer oder Pilzsucher gestört, vom Schießlärm lassen sie sich nicht beeinflussen. Einzelne Tiere waren bereits in früheren Jahren aus Polen gekommen, wo etwa 750 Wölfe leben. Die bis zu 30 kg schweren Tiere sind sehr scheu; zu sehen bekommt man sie fast nie. Das einzige frei lebende Wolfsrudel Deutschlands wird streng geschützt.

Hirsche, Rehe und Wildschweine kommen in der gesamten Lausitz vor, auch der Steinmarder. Typischer Vogel der Niederlausitz ist der Weißstorch, 350 Paare brüten jährlich auf Dächern, Schornsteinen und Stromleitungsmasten, das sind über zehn Prozent aller Brutpaare Deutschlands. Im Spreewald kann der Weißstorch nahezu in jedem Dorf beobachtet werden. Der scheue Schwarzstorch und der Kranich fühlen sich in dieser Region ebenso wohl wie Eisvogel und Fischotter. Im Bergland kann man das Klopfen des Schwarz- und des Buntspechts hören. Wanderfalke und Uhu zählen zu den seltenen Vögeln, dagegen kann man den Mäusebussard über den Felsen des Zittauer Gebirges noch oft beobachten.

FLORA

Den einst für den Spreewald typischen Erlen-Eschen-Wald gibt es nur noch im Innern des Oberspreewalds und im Unterspreewald. Bei Lübbenau, Lübben und Schlepzig blüht die aus Südeuropa stammende Sommerknotenblume, von den Spreewäldern als großes Schneeglöckchen bezeichnet. Es ist das einzige Vorkommen dieser Art im Osten Deutschlands. Im Bergland der Oberlausitz herrschen Fichten- und Kiefernforste vor, ausgedehnte Bergmischwälder mit Buchen, Bergulmen, Eschen und Bergahorn haben sich auf der Lausche, dem Hochwald und dem Jonsberg erhalten. In der Kiefernheide im Norden der Oberlausitz können Heidel- und Preiselbeeren geerntet werden.

FÜRST PÜCKLER

Das Leben des 1785 in Muskau geborenen und 1871 in Branitz bei Cottbus verstorbenen Gartenarchitekten Hermann Fürst von Pückler-Muskau war

gen des umtriebigen Fürsten gehören in der Lausitz die Parks von Branitz und Bad Muskau.

KRETSCHAM

Viele Gaststätten tragen den Namen Kretscham, in der Oberlausitzer Mundart „Kratschn" ausgesprochen. Das Wort stammt aus dem Slawischen und bedeutet Dorfschenke

Vor allem in der Niederlausitz ist der Weißstorch noch weit verbreitet

nicht eintönig: Er machte Furore als tollkühner Reiter der königlich-sächsischen Armee, floh vor seinen Gläubigern durch halb Europa, erregte Aufsehen durch galante Abenteuer, fuhr mit vier einer Kutsche vorgespannten weißen Hirschen in Berlin Unter den Linden entlang! Zu den großartigsten Landschaftsgestaltun-

oder Gasthaus. Der Kretschmar (Wirt) und der Pfarrer waren in den vergangenen Jahrhunderten die wohlhabendsten Männer im Dorf. Sie erhielten vom Adel zwei Hufen Land (etwa 66 ha) und besaßen oft noch das Bierbraurecht. Gerichtskretscham heißen jene Gaststätten, in denen sich nach dem Urteil des Dorfrichters die Streitenden trafen: Der Gewinner begoss den Sieg, der Unterlegene spülte den Kummer hinunter.

Postmeilensäule in Hoyerswerda

Postmeile hatte in Kursachsen die heutige Länge von 9,062 km. 1873 wurden Kilometersteine eingeführt, und die Postmeilensäulen verloren ihre Bedeutung. Die meisten der ca. tausend Säulen wurden abgebaut oder vernichtet. Einige von ihnen wurden in jüngster Zeit restauriert oder rekonstruiert, so in Lübbenau, Lübben, Löbau und Hoyerswerda.

SAGENGESTALTEN

Gegenstand sorbischer Literatur und Malerei ist vielfach Krabat, der als Zauberer den Armen half und die Reichen narrte. So soll er als Küchenjunge Augusts des Starken den Hofleuten Nudeln in Regenwürmer und Brathähnchen zu Fröschen verwandelt haben. Krabat hat der Legende nach karge Böden fruchtbar gemacht und Sümpfe trockengelegt. Historisches Vorbild für die Figur soll ein kroatischer Reiterobrist im Dienst Augusts des Starken sein. Die Oberlausitz hat im Pumphut (auch Pumpot) eine ihrer Sagengestalten. Der Müllerbursche mit dem hohen, breitkrempigen Zauberhut gilt als Till Eulenspiegel dieser Landschaft.

POSTMEILEN-SÄULEN

1721 bestimmte August der Starke (1694–1733), Kurfürst von Sachsen und König von Polen, dass auf den „Land- und Poststraßen steinerne Säulen aufgerichtet" werden sollten. Er ließ die Landstraßen von Adam Friedrich Zürner vermessen und Postmeilensäulen als Richtungs- und Entfernungsweiser aufstellen. Eine

SORBEN/WENDEN

Die Sorben, Nachfahren slawischer Stämme, die im 10. und 11. Jh. unter deutsche Herrschaft gelangten, gelten heute als das kleinste slawische Volk. Sorbe ist die wissenschaftlich exakte Bezeichnung, Wende eine von den Deutschen und ihren Behörden benutzte Bezeichnung für alle slawischen Stämme zwischen Elbe und Oder. In seiner Sprache bezeichnet

> *www.marcopolo.de/lausitz*

sich dieses Volk selbst als *Serby* (Niedersorbisch) oder *Serbja* (Obersorbisch). Die Bezeichnung Wende geht vermutlich auf die römischen Geschichtsschreiber Plinius und Tacitus zurück, die von Venedi und Venethi berichteten. Die sorbische Sprache gehört zur Familie der slawischen Sprachen. Das Niedersorbische (um Cottbus) steht dem Polnischen nahe, das Obersorbische (um Bautzen, Hoyerswerda) dem Tschechischen. Was im Niedersorbischen *gora* (Berg), *carny* (schwarz), *zgto* (Hemd) und *swajźba* (Hochzeit) heißt, lautet im Obersorbischen *hora, čorny, košla, kwas.* In sorbischer Sprache erscheinen Zeitungen, Zeitschriften und Bücher, auch sorbische Rundfunksendungen werden ausgestrahlt. In Bautzen gibt es ein Sorbisches Nationalensemble und ein Deutsch-Sorbisches Theater. Sorbisch ist Unterrichtssprache an Schulen oder fakultatives Unterrichtsfach. Weitere Infos: *www.sorben-wenden.de*

UMGEBINDEHAUS

Für die Oberlausitz typische Hausbauweise auf dem Land. Der im Blockbau errichteten Wohnstube aus Holz ist ein Balkengefüge wie eine Blendarkade vorgelegt, die das Obergeschoss trägt. „Umgebinde" nannten Wissenschaftler Ende des 19. Jhs. zum ersten Mal diese Hausbauweise. Das Umgebinde steht meistens auf einem 15–40 cm hohen Steinsockel, der Wirtschaftsteil des Hauses ist meist aus Lehmfachwerk konstruiert. Obergeschoss und Giebel sind häufig mit Schiefer verkleidet, der guten Wetterschutz bietet. Besonders viele Umgebindehäuser gibt es in Obercunnersdorf, Großschönau, Dittelsdorf. Weitere Informationen: *www.leben-im-umgebinde.de*

> DAS KLIMA IM BLICK
Handeln statt reden atmosfair

Reisen bereichert und verbindet Menschen und Kulturen. Jedoch: Wer reist, erzeugt auch CO_2. Dabei trägt der Flugverkehr mit bis zu 10 % zur globalen Erwärmung bei. Wer das Klima schützen will, sollte sich somit nach Möglichkeit für die schonendere Reiseform (wie z.B. die Bahn) entscheiden. Wenn keine Alternative zum Fliegen besteht, so kann man mit *atmosfair* handeln und klimafördernde Projekte unterstützen.

atmosfair ist eine gemeinnützige Klimaschutzorganisation.

Die Idee: Flugpassagiere spenden einen kilometerabhängigen Beitrag für die von ihnen verursachten Emissionen und finanzieren damit Projekte in Entwicklungsländern, die dort helfen, den Ausstoß von Klimagasen zu verringern. Dazu berechnet man mit dem Emissionsrechner auf *www.atmosfair.de*, wie viel CO_2 der Flug produziert und was es kostet, eine vergleichbare Menge Klimagase einzusparen (z.B. Berlin–London–Berlin: ca. 13 Euro). *atmosfair* garantiert, unter der Schirmherrschaft von Klaus Töpfer, die sorgfältige Verwendung Ihres Beitrags. Auch der MairDumont Verlag fliegt mit *atmosfair*.

Unterstützen auch Sie den Klimaschutz: *www.atmosfair.de*

VIELFALT RUND UMS JAHR
Film, Fisch, Tradition und viel Kultur

> Die Volksbräuche der Sorben sind für Gäste immer ein Anziehungspunkt. Den Höhepunkt bildet das *Osterreiten*, das sich jährlich Zehntausende in acht deutsch-sorbischen Dörfern der Oberlausitz anschauen. Die sorbischen Bräuche im Jahreslauf beginnen mit der *Vogelhochzeit* (25. Jan.), zu der Kinder als buntes Federvolk verkleidet oder in traditioneller Hochzeitstracht durch Dörfer ziehen, und endet mit dem *St.-Nikolaus-Tag* (6. Dez.), an dem die Kinder singend zu sogenannten Heischegängen (Bitten um Süßigkeiten) von Haus zu Haus laufen.

▓ FEIERTAGE ▓▓▓▓▓▓

Neujahr, Karfreitag, Ostermontag; 1. Mai *Tag der Arbeit*, **Himmelfahrt, Pfingstmontag; 3. Okt.** *Tag der Deutschen Einheit;* **31. Okt.** *Reformationstag*, **Buß- und Bettag** *(nur in der zu Sachsen gehörenden Oberlausitz),* **25./26. Dez.** *1. und 2. Weihnachtsfeiertag.* In den katholischen Dörfern der Oberlausitz ist anstelle des 31. Oktobers der **Fronleichnamstag** Feiertag.

▓ BESONDERE VERANSTALTUNGEN ▓

März/April

⭐ *Osterreiten:* Festlich gekleidete Reiter auf geschmückten Pferden überbringen am Ostersonntag unter Glockengeläut die Botschaft von der Auferstehung Christi in die Nachbargemeinde. Ralbitz, Wittichenau, Crostwitz, Panschwitz-Kuckau, Radibor, Storcha, Nebelschütz und Ostra sind die acht katholischen sorbischen Dörfer, zusätzlich gibt es noch die Bautzener Route. Die Abritt- und Ankunftszeiten sind in der Tourist-Information Bautzen zu erfahren *(Tel. 03591/ 420 16 | www.bautzen.de).*

Juni

Brandenburger Landpartie: „Raus aufs Land, rein ins Vergnügen" ist das Motto der Tage der offenen Hoftür. Reiterhöfe laden vielfach zu Kutsch- und Kremserfahrten, Kunsthandwerker zeigen ihre Erzeugnisse, Dorffeste finden statt. 2. Wochenende. *www.Landurlaub-Brandenburg.de*

Insider Tipp

Aktuelle Events weltweit auf www.marcopolo.de/events

> EVENTS
FESTE & MEHR

Juli

Lausitzer Musiksommer: eine harmonische Verbindung von Landschaft und Kultur; sorbische, mitteldeutsche und europäische Musiktraditionen mit Top-Solisten und -Ensembles. 3 Wochen in verschiedenen Städten. *www.bautzen.de*

August

Internationales Straßentheaterfestival: In Görlitz verwandeln Straßentheatergruppen aus der ganzen Welt die Straßen, die Parks und die Brücke ins polnische Zgorzelec zu einer gigantischen Bühne. 1. Wochenende. *www.viathea.de*

Insider Tipp *Hansewoche:* Zwischen Hafenfest am Großen Kahnfährhafen und Spreewälder Lichtnächten hat sich die Hansewoche mit vielen Veranstaltungen mit Livemusik und den Filmnächten etabliert. 2. Woche. *www.hansewoche.de*

September

Insider Tipp ▶▶ *Folklorum:* verwandelt die Kulturinsel Einsiedel in eine bunte Oase aus Musik, Tanz, Magie, Märchen, exotischem Handel und Handwerk sowie buntem Markttreiben. 1. Wochenende, Kulturinsel Einsiedel. *www.kulturinsel. com*

Spreewaldfest Lübben: Sorbische Trachten, Musik und Lieder gehören zu diesem Volksfest ebenso wie Markttreiben, Kahnkorso und zum Abschluss ein Höhenfeuerwerk. 3. Wochenende. *www.spreewaldstadt-luebben.de*

Oktober

Lausitzer Fischwochen: Neben dem traditionellen Abfischen stehen Fischfeste, Nachtangeln und kulinarisch-kulturelle Abende im Programm. Ende Sept. bis Mitte Nov. *www.lausitzer-fischwochen.de*

November

Osteuropäisches Filmfestival Cottbus: Rund 100 aktuelle Produktionen werden gezeigt. Das 1991 gegründete Festival hat vorwiegend ein junges Publikum. Mitte des Monats. *www.filmfestival cottbus.de*

> KARPFENSUPPE UND HEFEPLINSE

Fisch aus dem Peitzer und Königswarthaer Teichgebiet steht bei Köchen und Gästen gleichermaßen in der Gunst

> Die Lausitzer Küche ist alles andere als erlesen. Auf den Tisch kommt, was auf den Feldern oder in den Gärten der Heimat wächst. Dennoch kitzelt einiges den Gaumen. In den Flüssen und Teichen tummeln sich reichlich Fische, die seit jeher den Speisezettel bestimmen.

Hecht in Spreewaldsoße gilt als der Klassiker, auch wenn der Hecht in den letzten Jahren vielfach vom Karpfen verdrängt wurde, den man z. B. um Peitz und Königswartha

reichlich fängt. Längst kommt dieser aber nicht mehr nur als „Karpfen blau" auf den Tisch, inzwischen wird er variantenreich zubereitet: gekocht, gebraten, gegrillt. Auch in Suppen schmeckt Karpfen vorzüglich.

Manches Gericht erhält durch den Spreewälder Meerrettich und die Spreewälder Gewürzgurken erst seinen pikanten Geschmack. Im Gurkeneinlegen brachten es die Spreewälder schon um 1750 zu großer

Bild: Restaurantterrasse mit Blick auf Oybin

ESSEN & TRINKEN

Meisterschaft, sodass Friedrich der Große aus dem damals sächsischen Oberspreewald Gurkeneinleger nach Preußen abwerben wollte.

Das feucht-warme Klima, die Struktur des Bodens und die Qualität des Wassers lassen die Gurken im Spreewald üppig sprießen. Die große Konkurrenz der Einlegereien untereinander führte vor allem im 20. Jh. zu einem qualitätsfördernden Wettbewerb. Mit raffinierten Rezepturen versuchten sich die Einlegereien gegenseitig zu übertrumpfen. Frische Kräuter, vor allem Dill, sowie Zwiebeln und Senfkörner gehören auf jeden Fall dazu, die weiteren Zutaten bleiben gut gehütete Geheimnisse. Die Rezepte werden von Generation zu Generation weitergegeben und sorgen so bis heute für den unnachahmlichen Geschmack der Gurken. Für den Verbraucher ist das Spreewald-Logo das Gütesiegel für original Spreewälder Produkte. Nur Erzeugnisse, die den strengen Prüfungskriterien entsprechen und wirklich im Spreewald hergestellt werden, dürfen dieses von der EU geschützte Markenzeichen tragen. Wo „Spreewälder Gurken" und „Spreewälder Meerrettich" drauf

steht, ist auch Echtes aus dem Spreewald drin.

Beliebt ist bei den Sorben das Leinöl, das reich an Vitamin E ist, und das man wunderbar z. B. zu Kartoffeln und/oder Quark essen kann. Leinöl, das es in der Ölmühle in Straupitz frisch gepresst zu kaufen

> SPEZIALITÄTEN

Genießen Sie die typische Lausitzer Küche!

Gedünsteter Hecht mit Meerrettich – Hechtscheiben mit einer aus dem Sud hergestellten Meerrettichsoße, die mit Petersilienkartoffeln gereicht werden (Foto)

Gefüllte Schmorgurke – vom Kernfleisch befreite Gurkenhälften, die mit gewürztem Hackfleisch gefüllt und in siedender Brühe glasig geschmort werden

Hefeplinsen – in der Pfanne beiderseits goldgelb gebackener Eierkuchenteig; wird mit Apfelmus und einem Sahnehäubchen, mit Marmelade oder zerlassener Butter und Zucker und Zimt serviert

Karpfen mit polnischer Soße – gar gekochtes Karpfenstück mit einer aus dunklem Bier und Soßenlebkuchen hergestellten sämigen Soße; dazu gibt's Knödel

Oberlausitzer Kartoffelroulade – eine Scheibe Schweinebraten, umhüllt von einem Kartoffelpuffer, auch „Schnalz" genannt, mit reichlich Sauerkraut bedeckt

Quarkkeulchen – aus gekochten Kartoffeln und Quark bestehende, auf beiden Seiten goldgelb gebackene Scheiben, die mit Zucker und Zimt bestreut und gern mit Apfelmus gegessen werden

Teichelmauke – Kartoffelbrei (Mauke), in den auf dem Teller eine Mulde (Teichel) gedrückt wird, in die gekochte Rindfleischwürfel, Brühe und Sauerkraut kommen

Schlesisches Himmelreich – Fleisch vom Schweinebauch mit Backpflaumen gekocht, mit Zimt und Zitrone abgeschmeckt, mit Butter und Mehl angeschwitzt, mit Brühe aufgegossen, mit Klößen serviert

Weißkraut Bacska – „Großmutters Weißkraut", Weißkrautauflauf mit Paprika, Tomaten und Schinkenspeck in Schmand gebacken, dazu Kartoffeln

Zittauer Zwiebelschnitte – Kräuterbrot, belegt mit Camembert, darüber warme Pfannenzwiebeln

gibt, ist in der Tiefkühltruhe monatelang ohne Qualitätsverlust haltbar.

Die Küche der Oberlausitzer ist von schlesischen, böhmischen und sorbischen Essgewohnheiten beeinflusst. Mehlspeisen wie Buchteln und Klöße kommen aus Böhmen. Hauptnahrungsmittel in der Lausitz ist jedoch die Kartoffel. Ganz oben steht in der Oberlausitz die sogenannte Mauke, der Kartoffelbrei. Die gekochten Kartoffeln werden in Milch gestampft und mit Salz und ein bisschen Majoran gewürzt. Doch Mauke ist nicht gleich Mauke. Bei der Teichelmauke z. B. wird die Milch durch Fleischbrühe ersetzt. Am Sonntag dann gibt es *Kließla* (Kartoffelklöße) die meist nach überlieferten Familienrezepten gefertigt werden.

Eine weitere Spezialität sind die schmackhaften Pfefferkuchen, anderswo Lebkuchen genannt, aus dem Oberlausitzer Pulsnitz. Der Name entstand im Mittelalter, als alle fremdländischen Gewürze noch mit dem Sammelbegriff „Pfeffer" bezeichnet wurden. Auf vielen Weihnachtsmärkten sind Pulsnitzer Pfefferkuchen begehrt.

Zum Nachtisch empfiehlt sich in der Heimat von Hermann Fürst von Pückler-Muskau das nach ihm benannte Eis aus fruchtigen Schichten halbgefrorener Sahne. In Bad Muskau hat es jedes Restaurant und jedes Café im Angebot. Die Erfindung dieser Eiskreation geht allerdings gar nicht auf das Konto des Fürsten: Ein pfiffiger Konditor benannte das Eis aus Werbegründen nach dem Fürsten, der gegen diesen unverhofften Popularitätsschub nichts einzuwenden hatte.

Getrunken wird in der Lausitz mit Vorliebe Bier, Wein nur zu besonderen Anlässen. Sollten sich Pückler-Eis und Spreewälder Gewürzgurken im Magen nicht vertragen, helfen gewiss der *Bukowina*, der aus Kräutern des Spreewalds hergestellt wird, oder ein *Wiltener Gebirgskräuter-Likör* aus der Oberlausitz.

Exportschlager: Spreewaldgurken

Die Palette der Restaurants und Cafés ist groß; es gibt die schlichte Dorfkneipe und die Bergbaude ebenso wie das anspruchsvolle, mit Kochlöffeln oder Sternen bedachte Gourmetrestaurant. Jeder findet in diesem Landstrich im Osten Deutschlands das Ambiente, in dem er sich wohlfühlt, Speisen der regionalen und internationalen Küche sowie Preise, die seinem Geldbeutel zusagen.

FOLKLORE UND LECKEREIEN

Regionaltypische Produkte finden Sie vor allem in kleinen Läden

> Das Handwerk hat in der Lausitz eine lange Tradition, Straßennamen wie Töpfer- oder Tuchmachergasse und Weberstraße zeugen davon. Souvenirs sind demzufolge überall zu haben, aber auch frische Produkte von regionalen Erzeugern. Wer shoppen möchte, der fährt in die größeren Städte, nach Cottbus, Görlitz, Bautzen oder Zittau.

GLAS

Weißwasser war einst ein Zentrum der Glasproduktion, Bleikristall aus der Lausitz reiste in viele Länder der Erde. Nach der Einheit brach die Glasproduktion fast völlig zusammen, in einigen kleinen Betrieben wird die Tradition jedoch fortgesetzt, werden hochwertige Geschenkartikel wie Kerzenhalter, Tortenböden, Becher, Vasen und Schalen maschinell hergestellt, aber auch mundgeblasene Gegenstände angeboten. Eine Auswahl davon wird im Museumsshop des Glasmuseums in Weißwasser verkauft *(www.glasmuseum-weisswasser. de)*.

PFEFFERKUCHEN

In der Oberlausitz bieten die Pulsnitzer Pfefferküchler auf vielen Wochenmärkten ihre Leckereien an. Die Pulsnitzer verstehen ihr Handwerk, immerhin besitzen sie darin 400-jährige Erfahrung. Der Teig, dem Gewürze beigegeben sind, entsteht nach überlieferten Rezepten. Die braun gebackenen Pfefferkuchen werden mit Konfitüre gefüllt und mit Zucker- oder Schokoguss versehen.

REGIONALE SPEZIALITÄTEN

Lohnende Mitbringsel sind scharfer Meerrettich oder eingelegte Gurken im Glas aus dem Spreewald. Das Spreewald-Logo ist geschützt, nur regionale Erzeuger dürfen es verwenden. Und niemand muss die „Katze im Sack" kaufen: An vielen Stellen gibt es Gelegenheit, die Gewürz-, Dill-, Knoblauch- oder Pfeffergurken aus dem Fass zu probieren. In Straupitz wird in einer Holländermühle das typische Spreewälder Leinöl gepresst und verkauft. Im Spreewald, aber auch

> EINKAUFEN

in der Oberlausitz, dort, wo es viele Gewässer gibt, bieten Fischer frischen Fisch an, besonders lecker ist frischgeräucherte Ware, manchmal noch warm aus dem Räucherofen.

VOLKSKUNST

Ganz vorn bei den Mitbringseln rangieren kunstvoll verzierte Ostereier. Besonders ältere sorbische Frauen verstehen es meisterhaft, mit flüssigem Wachs, Nadeln, Federkielen und Farben Ornamente auf die Eier aufzutragen. Dieser Brauch hat eine lange Tradition. Einst galt das Ei als Symbol der Fruchtbarkeit, und deshalb wurden im Frühjahr die Eier entsprechend geschmückt.
Hoch im Kurs stehen auch Spreewälder Trachtenpuppen. Es gibt kleine, die in jede Handtasche passen, und größere, die den halben Kofferraum füllen. Manche Puppen sind mit Blaudruckerzeugnissen angezogen, denn der Blaudruck gehört seit Jahrhunderten zur Tracht und zum Haushalt der Sorben. In der Lausitz wird er noch handwerklich hergestellt,

z. B. in Pulsnitz von der ältesten historischen Blaudruckerei.
Zur Volkskunst von hoher Blüte entwickelten die Töpfer ihr Handwerk. Eine Besonderheit stellt die Oberlausitzer Schwämmeltechnik dar – das Dekor wird mit Schwämmen aufgetragen. Weit verbreitet ist auch das „Braunzeug", dessen Bezeichnung auf die Brauntönung der Gegenstände zurückgeht. Burg im Spreewald in der Niederlausitz sowie Pulsnitz und das nahe Elstra in der Oberlausitz sind bekannte Töpferorte.

WEIHNACHTSSTERNE

1821 fand erstmals der Herrnhuter Advents- und Weihnachtsstern Erwähnung, der heute viele Wohnzimmer, Säle und Kirchen schmückt. Auch auf Straßen und Balkonen leuchtet er in der Weihnachtszeit. In Herrnhut ist der Weihnachtsstern, der aus 17 viereckigen und acht dreieckigen Zacken besteht, in mehreren Größen hergestellt wird und selbst zusammengebaut werden muss, das ganze Jahr über erhältlich.

> GONDOLIERI STAKEN DURCH DIE FLIESSE

Zehntausende erliegen jährlich dem Zauber dieser in Europa einzigartigen Flusslandschaft

> **An den großen Kahnfährhäfen in Burg, Lübben und Lübbenau stehen den ganzen Tag über Fährleute bereit, Touristen durch das Wasserlabyrinth zu staken. Die kiellosen Holzkähne sind im Spreewald unentbehrlich, denn zahlreiche Gehöfte sind nur auf dem Wasserweg zu erreichen.**
Gurken und Meerrettich, die auf dem lockeren, leichten Boden bestens gedeihen, werden mit dem Kahn transportiert, das Vieh im Kahn zur Weide gebracht, und sogar die Post kommt vielfach noch auf dem Wasserweg. Wehre und Schleusen regulieren den Wasserstand für den ungehinderten Kahnverkehr. Wer auf eigene Faust mit dem Paddelboot auf Erkundungstour geht, findet an den Schleusen Bedienungsanleitungen vor.

Der Spreewald wurde zum Biosphärenreservat erklärt, um die Kulturlandschaft als Lebensraum zahlreicher Tier- und Pflanzenarten zu erhalten. Der Touristenstrom fließt

Bild: Spreewaldkähne bei Lübbenau

SPREEWALD

eher in den oberen, bekannteren Teil des Spreewalds. Verhältnismäßig still geht es dagegen im nordwestlich davon gelegenen Unterspreewald mit seiner vielgestaltigen Tier- und Pflanzenwelt zu, der sich 20 km lang und 5 km breit in Nord-Süd-Richtung erstreckt. Über dem mit Eichen bestandenen weiten Wiesenland kreisen Bussarde und ziehen Kraniche, an den Ufern huschen Eisvögel entlang.

BURG

[111 E5] **Die Streusiedlung (4600 Ew.) bildet das östliche Tor zum Oberspreewald. Von zwei Kahnfährhäfen kann man zu Ausflügen starten.** Etwa 300 Brücken, Bänke genannt, überspannen die 194 befahrbaren Fließe der mit 52 km² Fläche größten Gemeinde im Osten Deutschlands. Burg-Kolonie und Burg-Kauper mit ihren verstreut liegenden Gehöften wurden 1960 mit

Theaterspektakel am Bismarckturm

dem Dorf Burg zur Gemeinde Burg vereint, die Ringchaussee verbindet alle drei Ortsteile.

■ SEHENSWERTES ■

BISMARCKTURM

Aus 29 m Höhe hat man einen weiten Rundblick. Der quadratische, aus roten Klinkern 1913 bis 1917 errichtete Turm steht 2 km nördlich von Burg-

Dorf auf dem Schlossberg. *April bis Juni, Sept./Okt. tgl. 10–18, Juli/Aug. bis 19 Uhr | www.bismarcktuerme.de*

HEIMATSTUBE

Alltagsgegenstände und historische Trachten aus dem 19./20. Jh. erzählen aus der sorbisch-wendischen Geschichte. *Mi–So Ostern–Okt. 13–17, Nov.–März 12–16 Uhr | Am Hafen 1*

INFOZENTRUM SCHLOSSBERGHOF

„Ansichten und Aussichten" nennt sich die Ausstellung des Biosphärenreservats Spreewald, informiert wird über die Entwicklung der Streusiedlung Burg. *April–Okt. tgl. 10–17 Uhr | Burg-Dorf | Byhleguhrer Str. 17*

■ ESSEN & TRINKEN ■

GASTHAUS ZUM ERLKÖNIG

Der Besuch lohnt vor allem wegen der original Burger Hefeplinsen nach überliefertem Rezept. *April–Okt. tgl., Nov.–März geschl. | Erlkönigweg 3 | Burg-Kauper | Tel. 035603/387 | www.gasthaus-erlkoenig.de | €€*

17 FUFFZIG

Klassisch-elegantes Gourmetrestaurant, das sein Geld wert ist – die beste Adresse weit und breit. *Nur abends, Mo/Di geschl. | Bleichestr. 16 (im Hotel Zur Bleiche) | Tel. 035603/620 | €€€*

SPREEWALDBAHNHOF BURG

Der alte Bahnhof, in den bis 1970 die „Spreewaldguste" dampfte, wurde eine rustikale Gaststätte, zu der mehrere restaurierte Bahnwagen gehören. *Tgl. | Am Bahnhof 1 | Burg-Dorf | Tel. 035603/842 | www.spreewaldbahnhofburg.de | €€*

Insid. Tip

ZUR LINDE

Fast nur Produkte der Region kommen in der typischen Spreewaldgaststätte auf den Tisch. *Mo geschl. | Hauptstr. 38 | Burg-Dorf | Tel. 035603/ 209 | www.zur-linde-burg.de | €€*

■ EINKAUFEN

In der rustikalen Schauwerkstatt von *Manfred Karolcak (Lindenstr. 5 | Tel. 035603/604 14)* kann man dem Meister beim Herstellen von Holzpantoffeln zuschauen. In der *Trachtenstickerei Dziumbla (Wendenkönigstr. 9 | www.trachtenstickerei.de)* ist zu sehen, wie die aufwendigen Stickereien an den sorbischen Trachten entstehen. Im Laden der Töpfereiwerkstatt *Pietzonka (Hauptstr. 41)* werden neben spreewaldtypischer Keramik auch sorbische Ostereier und Trachtenpuppen angeboten.

■ ÜBERNACHTEN

DIE RADLER-SCHEUNE

Insider Tipp

Gemütliche Pension mit 6 rustikal eingerichteten Zimmern, auch Vermietstation für Räder, Inlineskates und im Winter für Schlittschuhe. Für Ausflüge können auch Picknickkörbe bestellt werden. *Ringchaussee 155 | Tel. 035603/133 60 | Fax 130 62 | www.radler-scheune.de | €*

SEEHOTEL BURG IM SPREEWALD

Ruhig gelegen, guter Komfort, nette Atmosphäre. Ein Kleinod ist die Wellnesslandschaft *Arche Noah. 35 Zi. | Willischzaweg | Burg-Kauper | Tel. 035603/650 | Fax 652 50 | www. seehotel-burg-spreewald.de | €–€€*

WALDHOTEL EICHE

Wohnen mitten in der Natur an Fließ und Hochwald. Angenehme 62 Zimmer. *Eicheweg (Zufahrt über die Burger Ringchaussee) | Tel. 035603/ 670 00 | Fax 672 22 | www.waldhotel-eiche.de | €€–€€€*

ZUR BLEICHE RESORT & SPA ★

Alles zum Wohlfühlen und Energietanken: Der 3000 m² große Wellnessbereich gehört zu den besten in Deutschland; 91 schöne Landhauszimmer. *Burg-Dorf | Bleichestr. 16 | Tel. 035603/620 | Fax 602 92 | www. hotel-zur-bleiche.com | €€€*

MARCO POLO HIGHLIGHTS

★ **Lehde**
Theodor Fontane nannte das Dorf „Lagunenstadt im Taschenformat" (Seite 34)

★ **Haus für Mensch und Natur**
Lübbenau: Viel Interessantes über das Biosphärenreservat Spreewald (Seite 38)

★ **Glashütte**
Museumsdorf mit Glasbläserei, Töpferei, Café und Veranstaltungen (Seite 38)

★ **Freilandmuseum**
Lehde: drei Spreewaldgehöfte mit dem Familienbett in der Stube (Seite 35)

★ **Zur Bleiche Resort & Spa**
Eins der besten Wellnesshotels in Deutschland (Seite 33)

★ **Tropical Islands Resort**
Tropenparadies in der größten frei tragenden Halle der Welt in Brand (Seite 44)

■ FREIZEIT & SPORT

Im Herbst 2005 öffnete die *Spree-wald Therme (Ringchaussee 152 | www.spreewald-therme.de)*. Der Kahnfährhafen in Burg-Dorf *(Tel. 035603/758 00)* besteht schon seit 1913, weniger stark besucht ist der jüngere, eigentlich schöner gelegene *Kahnfährhafen in Burg-Kauper (bei der Gaststätte Waldschlösschen | Tel. 035603/536)*. Es werden Fahrten zwischen einer und acht Stunden Dauer angeboten.

Wer selbst auf Entdeckungstour gehen möchte, kann Boote beim *Bootshaus Conrad* mieten *(Schwarze Ecke 1 | Burg-Dorf | www.spreewald-info.de/bootshaus-conrad)* oder bei *Rainer Rehnus (Waldschlössschenstr. 39 | Burg-Kauper)*. Die Naturwacht Spreewald bietet kostenlose Führungen an. *Informationen über Termine: Naturwacht | Byhleguhrer Str. 17 | Tel. 035603/75 01 46*

■ AUSKUNFT

TOURISTINFORMATION
Am Hafen 6 | 03096 Burg-Dorf | Tel. 035603/75 01 60 | Fax 75 01 616 | touristinfo-burg.spreewald@t-online.de | www.burg-spreewald-tourismus.de

■ ZIELE IN DER UMGEBUNG

SPREEWÄLDER KOCHAKADEMIE [111 F6]
Sie sind eingeladen, Kräuter und Gurken selbst zu ernten und in der Kochakademie des Landgasthofs und Hotels *Zum Stern* die eigene Ernte nach Niederlausitzer Rezepten auch gleich zuzubereiten. Letztere prägen auch die Speisekarte des Landgasthofs. *32 Zi. | Burger Str. 1 | Werben | Tel. 035603/660 | www.hotel-stern-werben.de | €€*

ZUR POHLENZSCHÄNKE [111 E5]
Schönes historisches Gasthaus am Rande des Hochwaldes, das für seine Wild- und Fischspezialitäten bekannt ist. Die Hefeplinsen gibt es hier traditionell mit Apfelmus und Sahne. Eindrucksvoll der von Karl-Friedrich Schinkel entworfene Saal. Der große, bis an die Kahnanlegestelle reichende Biergarten mit einer Tanzfläche liegt malerisch unter mächtigen alten Eichen. *Auf dem Landweg ist die Gaststätte über die Burger Ringchaussee erreichbar | April–Okt tgl., Nov.–März geschl. | Tel. 035603/298 | www.pohlenzschaenke.de | €€*

LEHDE

[111 D5] ★ Kein anderes Spreewalddorf hat seinen ursprünglichen Charakter so bewahrt wie Lehde (130 Ew.). Der heutige Ortsteil von Lübbenau steht deshalb als Ganzes unter Denkmalschutz. Bei der Eingemeindung bestanden die Einwohner auf der Beibehaltung ihres Ortsnamens, der durch Theodor Fontane in die Literatur eingegangen ist. In seinen Reisefeuilletons „Wanderungen durch die Mark Brandenburg" bezeichnete er Lehde als „Lagunenstadt im Taschenformat, ein Venedig, wie es vor 1500 Jahren gewesen sein mag, als die ersten Fischerfamilien auf seinen Sumpfeilanden Schutz suchten".

Auf dem Wasserweg sind die Einwohner meist schneller bei Verwandten oder Bekannten als zu Fuß oder mit dem Fahrrad auf dem Land. Das romantische Dorf ist das beliebteste Kahnfahrt-Ausflugsziel im Oberspreewald. Fast alle Gaststätten besitzen eigene Anlegestellen. Erholsam sind Wanderungen auf den von Bäumen gesäumten Wegen von Lübbenau und von Leipe. Von Lübbenau führt zwar auch eine asphaltierte Straße nach Lehde – sie hilft Ihnen aber nicht viel weiter, denn in Lehde gibt es keine Parkmöglichkeit. *www.spreewald-lehde.de*

■ ESSEN & TRINKEN ■
CAFÉ VENEDIG

Seit Jahrzehnten beliebtes Restaurant mit großem Kaffee- und Biergarten. Original Spreewälder Fisch- und Wildgerichte. *Tgl. | An der Lischka 1 | Tel. 03542/23 63 | www.gasthaus-cafe-venedig.de | €*

Historischer Spreewaldhof im Freilandmuseum Lehde

■ SEHENSWERTES ■
FREILANDMUSEUM ⭐

Drei nach Lehde umgesetzte Spreewaldgehöfte dokumentieren die volkskünstlerischen und handwerklichen Traditionen der Region. Im Familienbett in der Stube schlief die ganze Familie, Jungverheiratete durften die Flitterwochen im Heu auf dem Boden verbringen. *April bis Mitte Sept. tgl. 10–18, Mitte Sept. bis Ende Okt. 10–17 Uhr*

GASTHAUS KAUPEN NR. 6

Das gemütliche Bauernhaus ist nur mit dem Kahn zu erreichen. Ausgeschenkt wird Lübbener Bier von der kleinsten Brauerei Brandenburgs. *Tgl., Nov.–März geschl. | Tel. 03542/478 97 | www.kaupen6.de | €€*

■ ÜBERNACHTEN ■
HOTELANLAGEN STARICK

Vier auf der Dolzke-Insel ruhig liegende Häuser bieten 51 Zimmer. *An*

der Dolzke 4 und 6 | Tel. 03542/
89990 | Fax 899910 | *www.spree
wald-starick.de* | €€

LEIPE

[111 E5] **Auf einer 400 m breiten und
800 m langen Anhöhe errichteten Sorben
Ende des 14. Jhs. das Dorf Leipe (160 Ew.).**
Der Hauptverkehrsweg war die
Spree, zum Land hin befanden sich
bis in die jüngste Zeit nur die Hinter-
eingänge der Häuser. Deshalb bietet
Leipe wie alle Spreewalddörfer den
schöneren Anblick von der Wasser-
seite. Bis 1936, als der birkenge-
säumte Weg nach Lübbenau gebaut
wurde, war Leipe nur mit dem Kahn
erreichbar. Der Weg ist 6 km lang
und führt über 13 Fließe. Die Auto-
straße nach Burg entstand erst in den
1960er-Jahren.

Einladend: Fischerstübchen in Leipe

■ ESSEN & TRINKEN ■
FISCHERSTÜBCHEN
Fisch, Hefeplinsen, hausgebackener
Blechkuchen. *April–Okt. tgl., Nov. bis
Ostern nur Sa/So | Tel. 03542/28 05 |
Dorfstr. 2 (in der Pension Spreewald-
hof) | www.spreewaldhof-leipe.de* | €

■ ÜBERNACHTEN ■
SPREEWALDHOTEL LEIPE
Ruhige Lage, eigene Kahnanlege-
stelle, Paddelbootverleih. Ideal für
alle, die auf eigene Faust die Gewäs-
ser erkunden wollen. *21 Zi. | Dorfstr.
29 | Tel. 03542/22 34 | Fax 38 91 |
www.spreewaldhotel-leipe.de* | €–€€

LÜBBEN

[111 D4] **Schon die sächsischen Kurfürs-
ten wussten die schöne Lage der Stadt
(15 000 Ew.) an der Hauptspree zu schät-
zen, denn sie wählten Lübben zu einer ihrer Nebenresidenzen.** Von 1660 bis
1815 gehörte Lübben mit großen Teilen des Spreewalds zu Sachsen. An
diese Zeit erinnern die Postmeilensäule von 1736 in der Breiten Straße
und das im 17. Jh. umgebaute
Schloss. Theodor Fontane bezeichnete Lübben in seinen „Wanderungen
durch die Mark Brandenburg" einst
als „verträumtes Ackerbürgerstädtchen", und das ist es im Wesentlichen
bis heute geblieben.

Mehrmals im Jahr staken die Lübbener Fährleute zu den *Lübbener* **Inside
Kahnnächten** ihre Boote in den **Tipp**
Abendstunden durch die Fließe. An
verschiedenen Stellen zeigen Schau-
spieler künstlerische Darbietungen.
Die Termine können Sie bei der Tourist-Information oder unter *www.
spreewald-kahnnacht.de* abfragen.

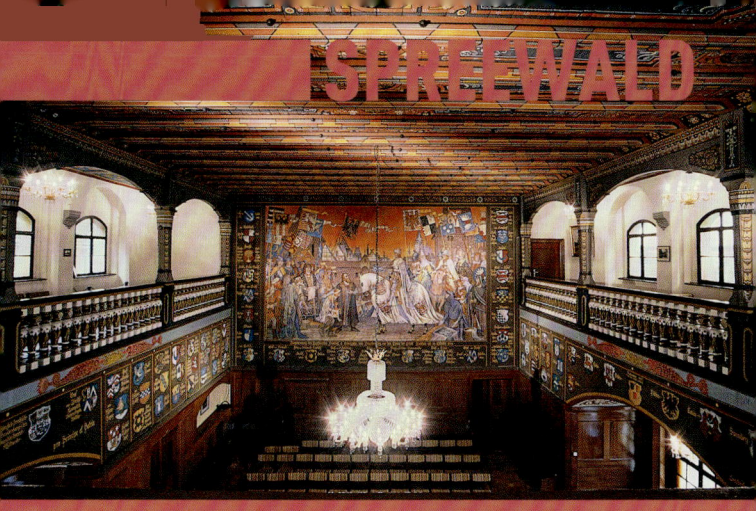

Prächtig verziert – der Wappensaal im Schloss Lübben

■ SEHENSWERTES ■

MUSEUM SCHLOSS LÜBBEN

Auf modernste Art und Weise, u. a. mit multimedialen Inszenierungen, wird die Ausstellung präsentiert. Zum Museum gehört auch der prachtvoll geschmückte Wappensaal im Wohn- und Wehrturm. *April–Okt. Di–So 10–17, Nov.–März Mi–Fr 10 bis 16, Sa/So 13–17 Uhr | Schloss*

PAUL-GERHARDT-KIRCHE

Dies war die letzte Wirkungsstätte des Pfarrers und evangelischen Kirchenliederdichters Paul Gerhardt (u. a. „O Haupt voll Blut und Wunden"). Nach ihm ist die im Ursprung spätgotische Backsteinhallenkirche, in der er 1676 auch beigesetzt wurde, benannt. Sein Bronze-Denkmal steht davor. *Markt*

■ ESSEN & TRINKEN ■

HAUS BURGLEHN

Viele Fischgerichte, großer Kaffeegarten, Streichelzoo. *März–Okt. tgl., Nov.–Feb. geschl. | Am Burglehn 12 | Tel. 03546/73 06 |* €€

SCHLOSSRESTAURANT LÜBBEN

Die servierten Gerichte sind nicht nur kulinarisch, sondern auch optisch ein Genuss; großes Weinangebot. *Mo geschl. | Ernst-von-Houwald-Damm 14 | Tel. 03546/40 78 |* €€€

■ ÜBERNACHTEN ■

HOTEL SPREEBLICK

Familiengeführtes Haus mit persönlichem Service, eigener Bootsanleger. *28 Zi. | Gubener Str. 53 | Tel. 03546/ 23 20 | Fax 23 22 00 | www.hotel-spreeblick.de |* €€

SPREEWALDHOTEL STEPHANSHOF

Direkt am Wasser mit eigener Kahnanlegestelle, Paddelbootverleih. *31 Zi. | Lehnigksberger Weg 1 | Tel. 03546/272 10 | Fax 27 21 60 | www. spreewaldreisen.de |* €€

■ FREIZEIT & SPORT ■

Die „Gondolieri" Lübbens bieten von vier Häfen Fahrten von anderthalb bis acht Stunden Dauer an. Die Vermittlung der Kahnfahrten erfolgt durch die Spreewaldinformation.

Paddel- und Ruderboote vermietet: *Gebauer | Lindenstraße (gegenüber dem Strandcafé) | April–Okt. | www. spreewald-bootsverleih.de)*. Mit der *Spreearena* verfügt Lübben über große eine Freizeitanlage, in der man u.a. Tennis, Badminton, Tischtennis, Billard und Beachvolleyball spielen kann *(tgl. | Majoransheide 30)*.

■ AUSKUNFT

SPREEWALDINFORMATION LÜBBEN

Ernst-von-Houwald-Damm 15 | Tel. 03546/30 90 | Fax 25 43 | www.spree waldstadt-luebben.de

■ ZIELE IN DER UMGEBUNG

ALT ZAUCHE   [111 D–E4]

Hochwaldfahrten ohne Aufenthalt – die ansonsten etwa 8 Stunden dauern – sind von diesem Dorf aus schon in 3 Stunden möglich. Denn Alt-Zauche liegt am Nordwestrand des Hochwalds. Die Zufahrt zum Kahnfährhafen ist ausgeschildert *(Tel. 03546/ 18 75 90)*. *12 km von Lübben*

GLASHÜTTE ★   [110 B3]

Der Name sagt es: Hier wurde Glas produziert, und zwar über 250 Jahre lang – von 1716 bis 1980. Um die Glashütte entstand ein bis heute beeindruckendes Bauensemble in einheitlichem Stil. Das technische Denkmal präsentiert sich heute als Museumsdorf u.a. mit Glasbläserei, Glasmuseum, Töpferei mit Café, Kräutergarten und zahlreichen Veranstaltungen. Im *Packschuppen* zeigt eine Galerie Kunstausstellungen. *April–Okt. Di–So 10–18, Nov.–März Di–So 10–16 Uhr | Tel. 033704/ 980 90 | www.museumsdorf-glashuet te.de | 32 km von Lübben*

NATURPARK NIEDERLAUSITZER LANDRÜCKEN   [110 A–C 5–6]

Der Naturpark erstreckt sich auf einer Fläche von 550 km^2 südlich von Luckau. Er umfasst historisch gewachsene Landschaften ebenso wie rekultivierte Braunkohletagebauflächen. Der *Höllberghof* bei Langengrassau [110 B5] nahe der B 87 zeigt die frühere Landwirtschaft in der Niederlausitz. Er ist die Nachbildung eines für die Region typischen Dreiseiten-Fachwerkhofes aus der Zeit um 1800; auf dem Außengelände gibt es Tiergehege und einen Bauerngarten. *April–Okt. tgl. 10–18 Uhr | www.heideblick.de | 22 km von Lübben*

LÜBBENAU

[111 D5] **Der mit Abstand bekannteste und größte Ort des Spreewalds und für die meisten Touristen auch Ausgangspunkt für die Kahnfahrt in den Oberspreewald ist Lübbenau (18 000 Ew.).** Nach der Kahnreise ist ein Bummel durch die Altstadt Pflicht. Die Ehm-Welk-Straße führt zum *Marktplatz* mit zweigeschossigen Bürgerhäusern aus dem 18. und 19. Jh. Der Topfmarkt (nordwestlich des Marktes) wird durch das backsteinerne *Torhaus* abgeschlossen, in dessen Durchfahrt die gewaltige Kieferknochen eines Wals hängt. Ein Lübbenauer Kaufmann schenkte ihn der Stadt Anfang des 18. Jhs. Ein schöner Spaziergang führt durch den von zwei Spreearmen umschlossenen *Schlosspark*.

■ SEHENSWERTES

HAUS FÜR MENSCH UND NATUR ★

Das Hauptinformationszentrum des 1990 gegründeten Biosphärenreservats Spreewald zeigt im ehemaligen Schulgebäude des Ortes eine interessante Ausstellung über Natur, Leben, Arbeiten und Erholen im artenreichen Spreewald. *April–Okt. tgl. 10 bis 17 Uhr | Schulstr. 9 |*

SPREEWALD-MUSEUM

Das Torhaus nahm das Regionalmuseum auf, das viele Exponate über die Geschichte der Sorben und des Spreewalds zeigt. *Topfmarkt 12 | April–Mitte Sept. Di–So 10–18, Mitte Sept.–Okt. 10–17 Uhr*

▮ ESSEN & TRINKEN ▮

SCHLOSSRESTAURANT

Viel gelobte Gourmetküche mit monatlich wechselnder Karte. Preiswertere Mittagskarte. *Schlossbezirk 6 | Tel. 03542/87 30 | www.schlossrestaurant-luebbenau.de | €€€*

STADTBRAUEREI BABBEN ▶▶

Die kleinste Brauerei des Bundeslandes Brandenburg braut nach alten Rezepten helles und dunkles Bier. Serviert wird es mit leckeren Kleinigkeiten. *Mitte März–Mitte Okt tgl., Mitte Okt–Mitte März Fr–So | Brauhausgasse 2 | Tel. 03542/21 26 | €*

ZUR ALTEN MÜHLE

Deftige deutsche Küche, darunter viel Fisch im Angebot. Schön sitzt es sich in dem lauschigen Innenhof. *Tgl. | Dammstr. 2a | Tel. 03542/ 40 55 00 | €€*

▮ ÜBERNACHTEN ▮

PENSION SPREEWELTEN

Elf von Künstlern verschieden gestaltete Zimmer entführen in die Sagenwelt des Spreewalds und laden ein zum „Schlafen im Kunstwerk".

Landidyll mit Ziegen: Höllberghof im Naturpark Niederlausitzer Landrücken

Bahnhofstr. 3 d | Tel. 03542/88 99 77 | Fax 87 59 90 | www.spreewelten.de | €–€€

SCHLOSS LÜBBENAU

Wohnen wie die Grafen zu Lynar! Ruhige Lage im Park unweit des größten Kahnfährhafens. *46 Zi.* | *Schlossbezirk 6* | *Tel. 03542/87 30* | *Fax 87 36 66* | www.schloss-luebbe nau.de | €€€

SPREEWALDECK

Familiengeführtes Haus mit einer rustikalen Gaststube, in der schmackhaftes Essen serviert wird. *27 Zi.* | *Dammstr. 31* | *Tel. 03542/890 10* | *Fax 89 01 11* | www.spreewaldeck.de | €€

▪ FREIZEIT & SPORT

Am *Großen Hafen (Dammstraße)* sind an den Abfahrtstellen A bis E die Fahrtrouten und Preise ausgehängt, bezahlt wird beim Fährmann. Die kürzeste Standardroute (ohne Aufenthalt) dauert etwa 2 Std., alle weiteren Fahrten zwischen 3 und 9 Std. (mindestens ein Halt). Fahrten mit Bewirtung, einer Fährfrau in Spreewaldtracht und Lampionfahrten am Abend kann man bestellen *(Tel. 03542/22 25 | Fax 36 04). Von Mitte Mai–Mitte September besteht Linien-Fährverkehr zwischen Lübbenau und Lehde.* Am bedeutend weniger frequentierten *Kleinen Hafen (Am Spreeschlösschen | Spreestraße)* beginnen die Fahrten des *Kahnfähr-*

▶ BÜCHER & FILME

Ein Landstrich und seine Menschen in Wort und Bild

▶ **Krabat oder die Bewahrung der Welt** – Der sorbische Schriftsteller Jurij Brezan macht anhand der Sagengestalt Krabat Mut zum Neuanfang.

▶ **Der tolle Pückler** – Unterhaltsames Buch von Hans-Hermann Krönert über den berühmten Gartengestalter; mit Reiseberichten, Briefen, Meinungen von Zeitgenossen, Anekdoten.

▶ **Wendisch bin ich** – Das Lebensgefühl der Menschen im Spreewald wird von Gerald Große und Horst Adam liebevoll beschrieben.

▶ **Kindheit in Litschen** – Jan Paul Nagel erzählt über seine Kindheit auf dem elterlichen Bauernhof in einem Lausitzer Dorf.

▶ **Krabat** – Die Legende von Krabat aktuell (2008) verfilmt in der Regie von Marco Kreuzpaintner.

▶ **Unterwegs in der Lausitz** – Die Moderatorin Beate Werner ist mit dem Rad oder zu Fuß unterwegs in der Oberlausitzer Heide- und Teichlandschaft (DVD von Icestorm Entertainment GmbH).

▶ **Bis zum Horizont und weiter** – Vor der unglaublichen Endzeit-Landschaft der Lausitz kämpft Henning Stahnke um seine große Liebe. In den Hauptrollen Wolfgang Stumph und Corinna Harfouch, Regie führte Peter Kahane (1998).

▶ **Nimm dir dein Leben** – Nimm dein Leben in die Hand und mach was draus. So lautet die Botschaft des Films von Sabine Michel, der in einem Dorf in der Lausitz spielt und humorvoll den dortigen Menschenschlag beschreibt.

mannsvereins der Spreewaldfreunde |
Tel. 03542/40 37 10 | Fax 40 37 11.

Mit Pinguinen um die Wette schwimmen, nur durch eine Glasscheibe getrennt, kann man im *Sauna- und Badeparadies Spreewelten (Alte Huttung 13 | Tel. 03542/ 894160 | www.spreewelten-bad.de).* Dazu gibt es Wellness vom Feinsten

■ ZIELE IN DER UMGEBUNG ■

CALAU [111 D6]

Die echten Kalauer kommen aus Calau (7000 Ew.). Geburtsstätte der auf Wortspiel und Doppelsinn beruhenden Witze ist das Haus Cottbuser Str. 16, in dem Ernst Dohm Mitte des 19. Jhs. witzige Beiträge für das Berliner Wochenblatt „Kladderadatsch"

Ein fürstliches Ambiente bietet das Hotel Schloss Lübbenau

auf 4000 m²: Saunen, Dampfbäder, Hamam, Massagen. Und der Spaß kommt im Wellenbad, im Wildwasserkanal und auf der Riesenrutsche auch nicht zu kurz. Di ab 20 Uhr und So ab 19 Uhr **FKK im Wellenbad.**

■ AUSKUNFT ■

TOURIST-INFORMATION

Ehm-Welk-Str. 15 | 03222 Lübbenau | Tel. 03542/36 68 | Fax 467 70 | www. spreewald-online.de

schrieb. Im Zweiten Weltkrieg wurde Calau zu drei Vierteln zerstört, erhalten blieb das *Rathaus* am Marktplatz. In der *Stadtkirche* befinden sich zahlreiche Ausstattungsstücke aus Kirchen der Umgebung, die vom Braunkohleabbau überbaggert wurden. *www.calau.de* | 18 km von Lübbenau

SLAWENBURG RADDUSCH [111 E5–6]

An historischer Stelle entstand originalgetreu die Rekonstruktion einer slawischen Fluchtburg. Die Reste waren 1984–90 von Braunkohlebaggern frei gelegt worden. Im 10 m hohen ringförmigen Burgwall führt eine Ausstellung durch die Siedlungsgeschichte der Lausitz. *April bis Okt. tgl. 10–18, Nov.–März tgl. bis 16 Uhr | www.slawenburg-rad dusch.de | 10 km von Lübbenau*

SPREEWALDHOF WOTSCHOFSKA [111 D–E5]

3,5 km müssen Sie wandern, um zu der beliebten rustikalen Spreewald-

gaststätte zu kommen *(April–Okt. tgl | Tel. 03546/76 01 | €)*. Wem die Wanderung zu weit ist, der lässt sich eine Strecke mit dem Kahn fahren (oder auch beide). Abfahrt ab *Kleiner Hafen/Am Spreeschlösschen* in Lübbenau (dort beginnt auch der Wanderweg). *Tel. 03542/40 37 10 | www. spreewald-web.de*

SCHLEPZIG

[111 D3] Die Hauptspree und mehrere Fließe durchziehen das unscheinbare Straßendorf (650 Ew.) im Unterspreewald mit einer hübschen Fachwerkkirche von 1782. Der Inselteich am südlichen Dorfrand gehört zu vier in den 1980er-Jahren angelegten Teichgruppen, die sich bis Lübben erstrecken. Von einer Aussichtskanzel an seinem Ufer kann die artenreiche Vogelwelt beobachtet werden. Naturfreunde werden auf dem mit grünen Balken markierten, 5,4 km langen Lehrpfad *Buchenhain* wandern, der an der Landstraße nach Krausnick beginnt.

■ SEHENSWERTES

BAUERNMUSEUM

Historische Haushalts- und Einrichtungsgegenstände der Spreewaldbewohner sind in einem schön restaurierten Fachwerkhaus von 1818 zu sehen. *April–Okt. tgl. 10–16, Nov. bis März Di–Fr 10–16 Uhr | Dorfstr. 26 | www.bauernmuseum-schlepzig.de*

HISTORISCHE MÜHLE

Liebevoll rekonstruiert, steht die Alte Mühle aus dem Jahr 1771 Besuchern wieder offen. Verkauft wird naturreines Schlepziger Mühlenbrot. *Dorfstr. 53 | Sa/So 10–16 Uhr*

Inside Tipp

Ruhepause vor dem Bauernmuseum in Schlepzig

NATURAUSSTELLUNG

„Unter Wasser unterwegs" heißt die Ausstellung des Biosphärenreservats. Zu ihr gehören auch Becken, in denen sich u. a. Hecht, Barsch und Aal tummeln. *April–Okt. Di–Fr 10 bis 17 Uhr | Dorfstr. 52*

Insider Tipp

ESSEN & TRINKEN

GASTHOF ZUM UNTERSPREEWALD

Rustikale Spreewaldzimmer; köstlich: Karpfen in Biersoße. *Mo/Di geschl. | Dorfstr. 41 | Tel. 035472/279 | www.spreewaldkuenzel.de | €–€€*

PETKAMPSBERG

4 km außerhalb des Dorfes (Hinweisschilder vorhanden), auch auf dem Wasserweg zu erreichen. Vor allem Fisch aus den heimischen Gewässern. *April–Okt. tgl., März und Nov. nur Sa/So | Tel. 035472/247 | www.gasthaus-im-spreewald.de | €*

SPREEWALD-PRIVATBRAUEREI

Vor den Augen der Gäste werden vier herzhaft-würzige Biersorten gebraut, dazu gibt's deftige Speisen. *Tgl. | Dorfstr. 53 | Tel. 035472/662 51 | www.spreewaldbrauerei.de | €€–€€€*

ÜBERNACHTEN

LANDGASTHOF ZUM GRÜNEN STRAND DER SPREE

Am Kahnfährhafen gelegen, rustikal eingerichtet, gutes Restaurant mit lokaler Küche. *26 Zi. | Dorfstr. 53 | Tel. 035472/66 20 | Fax 473 | www.spreewaldhotel.com | €€*

HOTEL MÜGGENBURG

Idyllisches Plätzchen für Naturfreunde und Ruhesuchende, direkt am Fließ, mit eigener Kahnanlegestelle. *22 Zi. | Grüne Wiese 11 | Tel. 035472/66 00 | Fax 66 03 05 | www.hotel-mueggenburg-spreewald.de | €€*

FREIZEIT & SPORT

Die Kahnabfahrtsstelle liegt an der *Dorfstraße* (in Richtung Krausnick). *Sa/So ab 10 Uhr* stehen normalerweise Kahnfährleute bereit, sonst müssen sie über das Tourismusbüro bestellt werden. Paddelboote verleiht die Gaststätte *Petkampsberg*. Die

STRAUPITZ

Naturwacht Unterspreewald *(Dorfstr. 52)* bietet von Schlepzig aus kostenlos Führungen und Radtouren an *(Auskunft: Tel. 035472/648 98).* Der 22 m lange und 11 m hohe Weidendom, die *Arena Salix* am Landgasthof *Zum grünen Strand der Spree,* ist ein beliebter Veranstaltungsort.

■ AUSKUNFT ■

TOURISMUSBÜRO
Dorfstr. 26 | 15910 Schlepzig | Tel. 035472/640 25 | Fax 640 24 | www. unterspreewald.de

■ ZIEL IN DER UMGEBUNG ■

TROPICAL ISLANDS
RESORT ★ ▶▶   [110 C3]
In der größten frei tragenden Halle der Welt werden die Gäste in die Tro-

Karibikflair: Tropical Islands Resort

pen entführt: Sandstrand mit mehr als 800 Liegestühlen, üppiger Regenwald mit Orchideen und eine „Südsee", neunmal so lang wie ein Olympiaschwimmbecken; ferner landestypische Häuser, Themenrestaurants und abendliches Showprogramm. Die Regenwald-Sauna-Landschaft bietet verschiedene Saunen, Dampfbäder, Heilbäder, Strahlungswärmeräume, Ayurveda-, Thai- und klassische Massagen. *365 Tage rund um die Uhr | Wellnesslandschaft Mo–Do 9–1, Fr 9–So Nacht 1 Uhr durchgehend | Brand |* www.my-tropical-islands.com *| 8 km von Schlepzig*

STRAUPITZ

[111 E4] Straupitz (1300 Ew.) ist ein ruhiges Dorf am Nordrand des Oberspreewalds, 12 km nördlich von Burg. Das 1794 erbaute Schloss (beherbergt heute eine Schule) der Grafen von Houwald musste im Laufe der Zeit zahlreiche Veränderungen erdulden. Es ist von einem großen Park mit altem Baumbestand und mehreren Teichen umgeben. Vom 96 m hohen ☼ *Weinberg* am westlichen Ortsrand haben Sie einen weiten Blick.

■ SEHENSWERTES ■

DORFKIRCHE
Weithin sind die 40 m hohen Zwillingstürme der klassizistischen Kirche zu sehen. Von Karl Friedrich Schinkel stammt der Entwurf für den 1827–32 errichteten Prachtbau, der jüngst restauriert wurde.

KORNSPEICHER
Eine kleine Ausstellung zur Dorfgeschichte, eine Töpferwerkstatt, eine

Ladengalerie und ein kleines Café haben im 1798 erbauten und bis 1992 noch genutzten Kornspeicher ihr Domizil gefunden. *April–Okt. Di–So 10 bis 18, Nov./Dez., März Di–Fr 12 bis 16, Sa/So 11–17 Uhr | Kirchstr. 12 |* www.kornspeicher-straupitz.de

TECHNISCHES DENKMAL HOLLÄNDERMÜHLE

Kornmühle, Ölmühle und Sägemühle unter einen Dach – eine solche Dreifachschaumühle gibt es in Deutschland nur in Straupitz. An der Verkostungstheke steht für Gäste stets frisches Leinöl bereit, in das man Weißbrotstückchen stippt und mit Zucker oder Salz bestreut. Zum Verkauf ist immer Leinöl vorhanden, im *Café im Mühlenhaus (geöffnet wie Mühle | €)* schmeckt das typische Regionalgericht Pellkartoffeln mit Quark und Leinöl. *April–Mitte Okt. Di–Fr 9–18, Sa/So 10–17, Juli/Aug. auch Mo 10–17, Mitte Okt.–März Mo–Do 9–17, Fr 9–14 Uhr |* www. windmuehle-straupitz.de

ESSEN & TRINKEN
KAFFEE-GARTEN JANK
Spreewaldhecht, Wildpfanne, Eierplinsen und mehr. In der kleinen Tierfarm sind u.a. Wildschweine, Rehe und Fasane zu beobachten. Kinderspielplatz. *April–Okt. tgl., Nov.–März geschl. | Cottbuser Str. 22 | Tel. 035475/159 54 | €*

ÜBERNACHTEN
SPREEWALDPENSION WINZER
Familiengeführte Pension. *10 Zi., 2 Ferienwohnungen | Lübbener Str. 28 | Tel. 035475/532 | Fax 169 98 |* www.spreewaldpension-winzer.de | €

FREIZEIT & SPORT
Am Kahnfährhafen in der Ortsmitte beginnen 1,5- bis 2-Std.-Fahrten. Wer länger gestakt werden möchte, sucht den Kahnfährhafen Buschmühle auf (5,5 km südlich). Sa/So stehen Fährmänner ab 10 Uhr bereit.

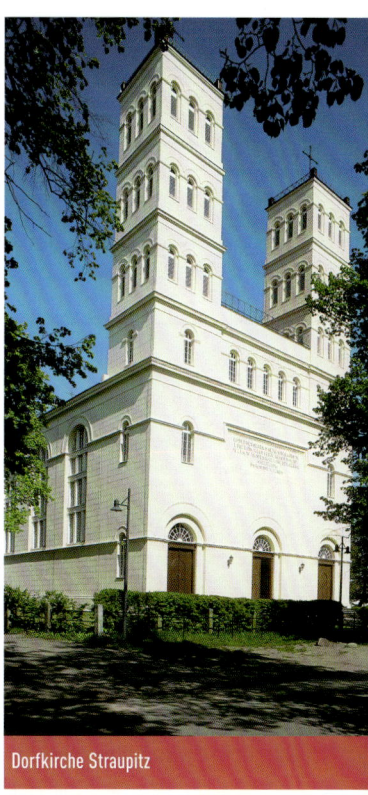
Dorfkirche Straupitz

AUSKUNFT
TOURISTIKINFORMATION OBERSPREEWALD
Kirchstr. 11 | 15913 Straupitz | Tel. 035475/809 77 | Fax 035475/863 65 | www.straupitz-online.de

> SANDSTRÄNDE WIE AN DER OSTSEE

Braunkohletagebaue verwandeln sich in Bade-, Surfer-, Segler- und Anglerparadiese

> **Eine Landschaft verändert ihr Gesicht. Aus einem Revier, in dem seit fast 200 Jahren großräumig Braunkohle gefördert wurde, wird in den nächsten Jahren ein Tourismus- und Naturparadies. Riesige Tagebau-Restlöcher werden geflutet, Seen entstehen.** Die neuen Gewässer haben eine Gesamtfläche von 7000 ha und werden mit schiffbaren Kanälen verbunden, einige sind bereits fertiggestellt. Noch vor wenigen Jahren brauchte man viel Phantasie, um sich in der von der Braunkohle zurückgelassenen Mondlandschaft vorzustellen, wie Fahrgastschiffe und Sportboote übers Wasser gleiten, Segler, Paddler, Surfer, Wakeboarder, Wasser- und Jetskifahrer ihrer Sportbegeisterung freien Lauf lassen oder Kinder im glasklaren Wasser planschen. Heute ist all das teilweise bereits Wirklichkeit. Der Senftenberger See ist mit seinem breiten Freizeitangebot schon seit Jahren ein beliebtes

Bild: Senftenberger See

NIEDERLAUSITZ UND NEISSETAL

Urlaubsziel. Die „neuen" Wasserflächen des Geierswalder und des Partwitzer sowie des Bärwalder und Dreiweibener Sees laden zum Erkunden ein. Erste schwimmende Häuser, ein Wasserflugplatz, Hotels und Campingplätze sind entstanden. Ideale Bedingungen finden auch seltene Tier- und Pflanzenarten, denn einige Seen wie der Neuwieser See werden der ruhigen und naturverbundenen Erholung vorbehalten sein.

COTTBUS

 KARTE IN DER HINTEREN UMSCHLAGKLAPPE

[112 A–B6] Die Stadt (102 000 Ew.) am mittleren Spreelauf ist die größte der Lausitz. In den vergangenen Jahrzehnten waren Kohle- und Energiewirtschaft und die traditionsreiche Textilindustrie – Tuchhandel gab es hier bereits im Mittelalter – die wichtigsten Arbeitgeber. Heute ist Cottbus das Dienstleistungs- und

Verwaltungszentrum Südbranden-burgs. Gern lassen die Cottbuser ihre Gäste den weithin bekannten Zungenbrecher probieren: „Der Cottbuser Postkutscher putzt den Cottbuser Postkutschenkasten." Warum ein Postkutscher zur Symbolfigur der Stadt wurde, weiß keiner mehr zu erklären. 300 Jahre alte Chroniken ver-

■ SEHENSWERTES ■

ALTMARKT

Schöne Giebel- und Traufenhäuser mit barocken und klassizistischen Fassaden umgeben den Markt. Besondere Aufmerksamkeit verdienen die Nr. 10 von 1767, die Nr. 14 von 1693, die Nr. 16 von ca. 1675, die Nr. 22 aus dem 18. Jh. und das über

Schloss Branitz im gleichnamigen Park bei Cottbus

merken dazu nur: Zweimal wöchent-lich verkehren Postkutschen nach Dresden und Berlin.

Cottbus, dessen Ursprünge auf das 12. Jh. zurückgehen und das im Zweiten Weltkrieg schwere Zerstörungen erleiden musste, hat zahlreiche Parks und Gärten zu bieten. Am bekanntesten wurde der von Fürst Pückler-Muskau geschaffene *Park Branitz*.

400 Jahre alte Haus Nr. 24, in dem 1568 die Löwenapotheke öffnete.

BRANDENBURGISCHES APOTHEKENMUSEUM

Die Einrichtungsgegenstände stammen aus Niederlausitzer Apotheken, die pharmazeutische Sammlung umfasst ca. tausend Stücke. Sehenswert sind auch Arzneikeller, Kräuterkammer und mittelalterliches Labor. *Füh-*

> *www.marcopolo.de/lausitz*

rungen Di–Fr 11 und 14, Sa/So 14 und 15 Uhr | *Altmarkt 24* | *www. brandenburgisches-apothekenmuse um.de*

FLUGPLATZMUSEUM

80 Jahre Geschichte der Cottbuser Flugplätze, allein 20 Luftfahrzeuge sind ausgestellt. *März–Okt. Di–Fr 10–16, Sa 10–17, Nov.–Feb. Di–Sa 10–16 Uhr | Dahlitzer Straße (Am Fichtesportplatz) | www.flugplatzmu seumcottbus.de*

FÜRST-PÜCKLER-MUSEUM

Im Schloss Branitz blieben aus der Zeit des Fürsten Räume mit Original-einrichtung erhalten. Im Oberge-schoss erinnern Exponate an die Rei-sen des Hausherren in den Vorderen Orient. *April–Okt. tgl. 10–18, Nov. bis März Di–So 11–17 Uhr | www. pueckler-museum.de | Park Branitz*

GALERIE HAUS 23 ▶▶

Ort für Kunstaktionen und Perfor-mances. Künstler aus den neuen Bundesländern, Osteuropa und Län-dern der dritten Welt präsentieren ihre Arbeiten. Auf dem Programm auch Jazz- und Rockkonzerte sowie Kammermusik. *Di–So 18–22 Uhr | Marienstr. 23*

KUNSTMUSEUM DIESELKRAFTWERK

Das Museum hat sich der zeitgenös-sischen Kunst, der Fotografie und der angewandten Kunst (Plakate) ver-schrieben. Erkundigen Sie sich nach dem vielseitigen Veranstaltungspro-gramm! *Di–So 10–18, Do bis 20 Uhr | jeden 1. Mi im Monat Eintritt frei | Uferstraße/Am Amtsteich 15 | www. museum-dkw.de*

PARK BRANITZ ★

Ein Meisterwerk deutscher Garten-kunst von Hermann Fürst von Pück-ler-Muskau. Alle Gräben und Teiche wurden künstlich geschaffen und sind mit der nahen Spree verbunden. Der durch den Erdaushub gewon-nene Boden wurde zu Hügeln und zwei *Pyramiden* aufgeschüttet. ❊ Von der Landpyramide lässt sich ein Teil des Parks überschauen, die Wasserpyramide birgt in der Gruft das Herz Pücklers und den Leichnam seiner Gemahlin. Das reizvolle *Ba-rockschloss,* das von Baumeister Gottfried Semper sein heutiges Aus-sehen bekam, beherbergt das *Fürst-Pückler-Museum.* Im neuen *Besu-cherzentrum* im Gutshof ist eine se-henswerte multimediale Ausstellung zu Leben und Werk des Fürsten in-stalliert.

MARCO POLO HIGHLIGHTS

★ Park Branitz
Ein Meisterwerk der Gartenkunst mit zwei Pyramiden (Seite 49)

★ Besucherbergwerk F 60
Der Welt größte Braunkohle-Abraum-förderbrücke ist hier zu bestaunen (Seite 54)

★ Klosterkirche Neuzelle
Prunk ohnegleichen in der Perle des märkischen Barock (Seite 52)

★ Senftenberger See
Ein ehemaliger Braunkohletagebau wird zur „Ostsee der Niederlausitz" (Seite 55)

SPREEAUENPARK

Die Bundesgartenschau von 1995 hat diese 55 ha große, vielseitig gestaltete Parkanlage südöstlich des Stadtzentrums zurückgelassen. Von März bis Oktober ist sie mit der *Parkeisenbahn* zu erreichen, die sich vom Bahnhof Sandower Dreieck durch den Eliaspark am Tierpark vorbei zum Bahnhof Friedenseiche (Branitz) schlängelt.

STAATSTHEATER

Der wuchtige, 1907/08 nach Plänen des Berliner Architekten Bernhard Sehring errichtete und in den 1980er-Jahren restaurierte Bau ist ein schönes Beispiel des späten Jugendstils. *Schillerplatz 1*

>LOW BUDGET

> In der UCI-Kinowelt Am Lausitzer Park in Cottbus ist Dienstag „Kinotag": Auf allen Plätzen wird ein Preisnachlass von rund 25 Prozent gewährt *(www.uci-kinowelt.de)*.

> Zu fünft in DB-Nahverkehrszügen durch die Niederlausitz und durch das ganze Land Brandenburg und Berlin fahren: Das *Brandenburg-Berlin-Ticket* macht es möglich; es bietet beliebig viele Fahrten an einem Tag. Zu haben ist es für 26 Euro im Internet und am DB-Automaten, für 28 Euro bei allen DB-Agenturen.

> Geld spart auch, wer für 8,80 Euro die *Cottbus-Card* erwirbt. Mit der fährt man zwei Tage lang Bahn und Bus, hat freien Eintritt ins Schloss Branitz und weitere Museen und erhält die Tickets für das Staatstheater zum ermäßigten Preis.

WENDISCHES MUSEUM

Zeugnisse der Kunst und Kulturgeschichte der Niederlausitzer Sorben bzw. Wenden (altdt. Bezeichnung für Slawen). *Di–Fr 8.30–18, Sa/So 14 bis 18 Uhr | Mühlenstr. 12*

ESSEN & TRINKEN

CAFÉ ALTMARKT

Im 400 Jahre alten klimatisierten Kellergewölbe speist es sich gut. Die Spezialität: Meerrettichschnitzel mit Bratkartoffeln. *Tgl. | Altmarkt 10 | Tel. 0355/310 36 | www.cafe-alt markt.de | €*

CAFÉ-RESTAURANT LAUTERBACH

Leckere Sachen aus eigener Produktion, in der Pückler-Stadt natürlich auch Fürst-Pückler-Eis. *Tgl. | Spremberger Str. 4 | Tel. 0355/247 58 | www.lauterbach-cottbus.de | €€*

KLOSTERKELLER

Deutsche und manchmal auch französisch inspirierte Gerichte in historischem Gewölbe. *So geschl. | Klosterplatz 5 (Eingang Puschkinpromenade) | Tel. 0355/79 33 72 | www.klosterkeller.com | €–€€*

EINKAUFEN

Einkaufs- und Flanierstrecke ist die *Spremberger Straße*, von den Einheimischen kurz „Sprem" genannt. Zum Shopping empfehlenswert: *Lausitzer Hof* am *Berliner Platz* und *Fürst-Pückler-Passage* am *Hauptbahnhof*.

ÜBERNACHTEN

BEST WESTERN PARKHOTEL BRANITZ & SPA

Mitten im Grünen am Stadtrand, Liegewiese, Wellnessbereich mit Pool.

128 Zi. | Heinrich-Zille-Straße | Tel. 0355/75100 | Fax 713172 | www. branitz.bestwestern.de | €€–€€€

RADISSON SAS HOTEL COTTBUS

Elegant eingerichtete Zimmer; in der 9. Etage ein ✳ Fitnessbereich mit Pool. Von hier aus haben Sie einen tollen Blick über Cottbus. 241 Zi. | Vetschauer Str. 12 | Tel. 0355/476 10 | Fax 476 19 00 | www.cottbus.radis sonsas.com | €€–€€€

WALDHOTEL

Am Rand der Stadt in einem kleinen Wald, rustikal und behaglich eingerichtete 50 Zi. | Drachhausener Str. 70 | Tel. 0355/876 40 | Fax 876 41 00 | www.waldhotel-cottbus.de | €€

■ AM ABEND

Durch ihre spannungsreichen Inszenierungen, im Sommer oft unter freiem Himmel, hat die **Theaternative C,** die Kleinstkunstbühne der Stadt, auf sich aufmerksam gemacht *(Petersilienstr. 24 | www.theaternati ve-cottbus.de).* Wer guten Jazz und Rock live erleben will oder auch Disko mag, geht ins ▶▶ Glad-House *(Straße der Jugend 16 | mehrmals in der Woche | www.gladhouse.de).*

Insider Tipp

■ AUSKUNFT

COTTBUS-SERVICE

Berliner Platz 6 | 03046 Cottbus | Tel. 0355/754 20 | Fax 754 24 55 | www. cottbus.de

■ ZIELE IN DER UMGEBUNG

FORST   [112–113 C–D6]

Die gemütliche Kleinstadt (23 000 Ew.) an der Neiße besitzt mit dem 1913 angelegten *Ostdeutschen Ro*

Das prächtig restaurierte Foyer des Staatstheaters Cottbus

sengarten einen Anziehungspunkt: Über 40 000 Rosenstöcke von 400 Sorten blühen hier *(Mai–Okt. 8–20, Nov.–April 9–17 Uhr | www.rosengar ten-forst.de).* Das *Brandenburgische Textilmuseum* mit einer Schauwerkstatt informiert über die 500-jährige Tradition von Forst als Tuchmacherstadt *(Di–Do 10–17, Fr–So 14–17 Uhr | Sorauer Str. 37 | www.textilmu seum-forst.de). www.forst-informa tion.de | 22 km von Cottbus*

PEITZ   [112 B5]

Weithin als Karpfenstadt (6000 Ew.) bekannt. Die Teiche entstanden durch den Abbau von Raseneisenstein, der im 16. Jh. begann und 1958 endete. In der Gaststätte *Karpfenklause* kommen Aal, Hecht, Zander und Karpfen aus diesen Teichen auf den Teller (*Nov.–März Mo geschl. | Hüttenwerk 1 | Tel. 035601/892 84 | www.karpfen-klause.de | €€*).

Aus dem Anfang des 19. Jhs. erbauten Hochofenwerk wurde das *Hüttenmuseum*, in dem zu sehen ist, wie einst Kanonenkugeln für die Leipziger Völkerschlacht gegossen wurden. (*Mo–Fr 10–16, Sa/So 10–18 Uhr | www.peitzer-huettenwerk.de*). *14 km von Cottbus*

GUBEN

[113 D4] Eine Brücke über die Neiße führt in den östlichen Teil der Stadt, der seit 1945 unter dem Namen Gubin (18 000 Ew.) zu Polen gehört. Dieser Ortsteil ist das historische Zentrum der geteilten Stadt. Der deutsch gebliebene, aus der so genannten Klostervorstadt hervorgegangene Westteil (20 000 Ew.) zeichnet sich durch viele Grünanlagen und elf Seen in der Umgebung aus. Guben gehört zu den in den letzten Tagen des Zweiten Weltkriegs am meisten zerstörten Städten dieser Region; die Wunden verheilen langsam.

■ SEHENSWERTES

LUDWIG-A.-MEYER-HAUS

Die Neorenaissancevilla, benannt nach ihrem jüdischen Erbauer, wurde zum Deutsch-Slawischen-Kulturzentrum. Gezeigt werden u. a. Kunstausstellungen. Im Lesezimmer liegen Zeitschriften sowie Reiseliteratur aus dem osteuropäischen Raum aus. *Di 15–17, Do 10–17 Uhr | Uferstr. 11*

STADT- UND INDUSTRIEMUSEUM

Das Museum in der ehemaligen Hutfabrik Wilke widmet sich der Stadt- und Industriegeschichte. Hüte aus Guben hatten einst Weltruf, die Stadt war der bedeutendste Standort der deutschen Hut- und Tuchindustrie. *Di–Fr 10–17, Sa/So 14–17 Uhr | Gasstr. 5 | www.museen.guben.de*

■ ESSEN & TRINKEN ÜBERNACHTEN

WALDOW

Familiengeführtes Hotel am nördlichen Stadtrand mit Sauna, Solarium, Hallenschwimmbad. Im Restaurant wird regionale und internationale Küche serviert. *42 Zi. | Sembtener Str. 20 | Tel. 03561/40 60 | Fax 21 71 | www.hotel-waldow.de | €€€*

■ AUSKUNFT

TOURIST-INFORMATION

Frankfurter Str. 21 | 03172 Guben | Tel. 03561/38 67 | Fax 39 10 | www.guben.de | www.touristinformation-guben.de

■ ZIEL IN DER UMGEBUNG

KLOSTERKIRCHE NEUZELLE ★ [113 D2]

Die Perle des märkischen Barocks. Die ehemalige *Klosterkirche St. Marien* bietet im Innern mit prächtigen Deckengemälden, reichen Stuckdekorationen, Holzschnitzereien und Altären einen Prunk ohnegleichen, der aus dem 17. bis 19. Jh. stammt. 2009 wird im Kreuzgang ein Klostermuseum eröffnet. In den Sommermonaten finden Ausstellung, das Internationale Musiktheaterfestival Oder-Spree sowie Konzerte in den Kirchen und in der Orangerie statt. Südlich der Klosteranlage steht die barocke *Kirche zum Heiligen Kreuz*, deren Innenausstattung aus der Erbauungszeit 1728–34 stammt. *Mai*

AUSITZ UND NEISSETAL

bis Okt. Mo–Fr 10–12, 13–17, Sa/So 11–16, Nov.–April Mo–Fr 11–12, 14–15.30, Sa/So 11–12, 13–15.30 Uhr | www.stift-neuzelle.de | 16 km von Guben

SENFTENBERG

[115 D–E4] Der Braunkohlebergbau begann schon zu Kaiser Wilhelms Zeiten das bis dahin beschauliche Ackerbürgerstädtchen in einen Industrieort (27 000 Ew.) zu verwandeln. In unserer Zeit wurde Senftenberg durch den gleichnamigen See fast schon zu einem Ferienort. 1941 förderte man aus dem Tagebau Niemtsch die erste Braunkohle, 1973 empfing die mit Wasser gefüllte Grube als *Senftenberger See* die ersten neugierigen Badegäste. An heißen Sommertagen tummeln sich mitunter Zehntausende an den Stränden und suchen im klaren Wasser Erfrischung.

■ SEHENSWERTES

FESTUNGSANLAGE MIT MUSEUM

Keine trutzigen Mauern schützten im Mittelalter die militärischen Anlagen, sondern ein Erdwall. Deshalb gilt die Senftenberger Erdfestung als Seltenheit in Deutschland. Im dazu gehörenden Schloss zeigt das *Museum* u.a. Kunstgegenstände, die aus Dorfkirchen stammen, die der Braunkohle weichen mussten. Mitten im Museum öffnet sich die Tür in eine dunkle Unterwelt: Nachgebaut wurde in Originalgröße der Teil einer Braunkohlengrube, wie sie Ende des 19. Jhs. bestand. *Steindamm | April bis Okt. Di–So 10–17, Nov.–März Di–So 14–17 Uhr | www.museum.osl-online.de*

Die Klosterkirche Neuzelle ist für ihre spätbarocke Innenausstattung berühmt

ESSEN & TRINKEN ÜBERNACHTEN

PARKHOTEL

20 zweckmäßig eingerichtete Zimmer und ein Restaurant (internationale/regionale Küche). *Steindamm 20 | Tel. 03573/37860 | Fax 2074 | www.parkhotel-senftenberg.de | €€*

WELLNESSHOTEL SEESCHLÖSSCHEN

Romantisches Landhotel mit Wellnessbereich; im Restaurant regionale und internationale Küche. *24 Zi. | Buchwalder Str. 77 | Tel. 03573/ 37890 | Fax 37 89 32, www.see schloesschen-lausitztherme.de | €€€*

FREIZEIT & SPORT

Das *Erlebnisbad* bietet drei Hallen- und ein Außenbecken, Wasserkaskade, Sprudelgrotte und eine 50-m-Rutsche *(Hörlitzer Straße)*. 365 Tage im Jahr Skispaß macht der künstliche Schnee in der ▶▶ *Snowtropolis-Indoor-Skihalle* möglich *(Hörlitzer Str. 36 | www.snowtropolis.de)*. Das Freizeitresort bietet ferner Bowling, Sauna, Schlittschuhbahn im Winter sowie Badminton, Volleyball und Tennis im Sommer.

AM ABEND

Das Programm der *Neuen Bühne (Rathenaustr. 6–8 | www.theater-senf tenberg.de),* einst Theater der Bergarbeiter, heute ein Kinder- und Jugendtheater, reicht von Märchen über Klassiker bis zu zeitgenössischen Dramen, Lesungen und Jazz.

AUSKUNFT

SENFTENBERG-INFORMATION

Markt 1 | 01969 Senftenberg | Tel. 03573/149 90 10 | Fax 149 91 11 |

www.senftenberg.de | www.lausitzer seen.com

ZIELE IN DER UMGEBUNG

BESUCHERBERGWERK F 60 ⭐ [114 C3]

Der „liegende Eiffelturm" wird die 1992 stillgelegte weltgrößte Braunkohle-Abraumförderbrücke bei Lichterfeld tituliert, die – aufrecht gestellt – mit ihrer Länge von 502 m das Pariser Wahrzeichen um 180 m überragen würde. Am Wochenende (Fr–So) und an Feiertagen wird die F 60 nach Einbruch der Dunkelheit zum multimedialen Kunstwerk: **Inside Tipp** Licht und Klang verzaubern die Besucher beim abendlichen Spaziergang über die Brücke. *März–Okt. tgl. 10–19, Nachtlichtöffnungszeit Fr/Sa, Fei März/April, Sept./Okt. 19–20, Mai bis Aug. 19–22 Uhr | www.f60.de | 30 km von Senftenberg*

EURO-SPEEDWAY LAUSITZ ▶▶ [115 D4]

Wo eigentlich Autorennen stattfinden sollten, können Sie von Mai bis August mittwochs ab 19 Uhr in den Sonnenuntergang skaten. Der 4,5 km lange Grand-Prix-Kurs auf einer der größten und modernsten Rennstrecken Europas bietet Anfängern und Profis beste Bedingungen; Platz ist für mehrere Tausend Skater. Ein DJ sorgt zur *Lausitzer Bladenight* für die nötige musikalische Untermalung. *Tel. 01805/88 02 88 | www.eurospeedway.de | 8 km von Senftenberg*

Insider Tipp

SENFTENBERGER SEE ⭐ [115 D–E4]

Das 1300 ha große Gewässer gilt als die „Ostsee der Niederlausitz". In Senftenberg, Großkoschen und Niemtsch gibt es Badestrände von insgesamt über 11 km Länge (davon sind 5 km für FKK-Anhänger ausgewiesen). Der See bietet ideale Bedingungen zum Segeln, Rudern, Surfen und Angeln. Boots- und Fahrradausleihe sind vorhanden. Schiffsrundfahrten (ca. 70 Min.) werden von April bis September angeboten. Das Fahren mit privaten Motorbooten ist verboten. Wer den See zu Fuß oder mit dem Fahrrad umrunden will, hat gut 20 km zurückzulegen. Am Rad- und Wanderweg steht ein ☀ *Aussichtsturm.* Am Großkoschener Strand öffnete 2001 das 600 Besucher fassende *Amphitheater*, das nicht nur über modernste Licht-, Ton- und Bühnentechnik verfügt, sondern auch wegen seiner hervorragenden Akustik gerühmt wird. Von Mai bis September finden hier die *Senftenberger Seefestspiele* statt *(www.seefestspiele.de)*. *www.senftenberger-see.de*

Insider Tipp

Alternative Nutzung: Kletterer an der Förderbrücke des Besucherbergwerks F 60

SPREMBERG

**[116 A–B3] Die Tallage und die umge-
bende Spreeauenlandschaft machen den
besonderen Reiz von Spremberg (26 000
Ew.) aus.** Die Altstadt liegt zwischen
zwei Spreearmen auf einer Insel, die
durch acht Brücken und Stege mit
dem Umland verbunden ist. Vom
Marktplatz führt der Weg zum
Schloss, das ab 1680 als Sommerre-
sidenz des Herzogs Heinrich von
Sachsen-Merseburg errichtet worden
war, zum Kavalierhaus in der Langen
Straße 14–16 und zum kleinsten und
ältesten Haus der Stadt, einem 1580
errichteten Fachwerkbau in der Burg-
straße 9.

■ SEHENSWERTES

BISMARCKTURM ☼
Von dem 1903 erbauten, 23 m hohen
Turm auf dem Georgenberg hat man
einen wunderbaren Blick auf die
Umgebung. Um auf die Turmspitze
zu gelangen, müssen aber erst 140
Stufen überwunden werden –
„Schlüpfersteg" nennen die Sprem-
berger die Turmtreppe süffisant.
*Mai–Sept. Mi 10–12, Sa/So 14–18
(Okt. bis 17) Uhr*

KIRCHEN
Die gotische *Kreuzkirche* im Zentrum nahm kulturgeschichtlich Wert-
volles von Kirchen der Region auf,
die in den vergangenen Jahrzehnten
dem Braunkohlebergbau weichen
mussten. Die *Auferstehungskirche*
aus dem 13. Jh. auf dem Schomberg
ging vom Dorf Pritzen zwangsweise
auf Wanderschaft. Um nicht dem
Braunkohleabbau zum Opfer zu fal-
len, wurde sie 1988–90 Stein für
Stein abgetragen und an ihrem heutigen Standort wieder aufgebaut.

NIEDERLAUSITZER HEIDEMUSEUM
Interessantes über die Lebens- und
Arbeitswelt der Menschen der Region. Das sorbische Heidebauernhaus
(1780) auf dem Parkgelände stammt
aus dem Dorf Groß Buckow, das die
Braunkohlebagger vernichteten. *Di–Fr
9–17, Sa/So 14–17 Uhr | Schlossbe-
zirk 3 | www.heidemuseum.de*

■ ESSEN & TRINKEN ÜBERNACHTEN

HOTEL STADT SPREMBERG
Wohnen mitten in der Stadt in der
oberen Etage des City Centers. Im
Restaurant regionale und internatio-

> LANDSCHAFTSBAUSTELLE
Internationale Bauausstellung Fürst-Pückler-Land

Bis 2010 ist die Lausitz Schauplatz der
„Internationalen Bauausstellung Fürst-
Pückler-Land" (IBA). Der Fürst wurde als
Namenspate auserkoren, weil er als Ers-
ter versucht hatte, mit zwei großen
Landschaftsparks die karge Region um-
zugestalten. Das Thema Landschaft steht
im Mittelpunkt, denn in dieser vom

Braunkohleabbau verunstalteten Region
werden Berge versetzt und neue Seen
geschaffen. 24 Einzelprojekte sind in
acht „Landschaftsinseln" sowie einer
„Europainsel" (Guben bzw. Gubin) ein-
gebettet. Kernstück ist die bis 2020
entstehende Lausitzer Seenplatte.
www.iba-fuerst-pueckler-land.de

nale Speisen. *31 Zi. | Am Markt 5 |
Tel. 03563/39630 | Fax 396399 |
www.hotel-stadt-spremberg.de |* €

HOTEL UND GASTSTÄTTE
ZUR WILDTRÄNKE

Umgeben von Feldern und Wald,
Wildgehege mit Mufflons und 130
Damhirschen, im Restaurant ständig
Wildspezialitäten. *14 Zi. | Graustei-
ner Weg 15 | Tel. 03563/902 76 | Fax
34 40 26 | www.wildtraenke.de |* €

■ FREIZEIT & SPORT ■

Das *Erlebnisbad* im Kochsagrund
bietet u.a. mit seiner 70-m-Rutsche
Badespaß. Zum Baden, Angeln, Rudern und Segeln lädt die 7 km lange
Talsperre am nördlichen Stadtrand
von Spremberg. Am Nordwestufer
des Sees wird im Hochseilgarten von
Prima-Abenteuer gut gesichert ge-
klettert *(Anmeldung erforderlich:
Tel. 03563/ 605237 | www.prima-
abenteuer.de).*

■ AUSKUNFT ■

TOURISTINFORMATION

*Bahnhofstr. 1 | 03130 Spremberg |
Tel. 03563/45 30 | Fax 59 40 41 |
www.spremberg.de*

■ ZIEL IN DER UMGEBUNG ■

BOHSDORF   [116 C3]

Der DDR-Bestsellerautor Erwin
Strittmatter (1912–94) hat das kleine,
zwischen Spremberg, Cottbus und
Forst liegende Dorf Bohsdorf mit
seiner autobiografisch geprägten Romantrilogie „Der Laden" berühmt
gemacht. Den Laden der Eltern
Strittmatters gibt es neuerdings wieder; ein Millionenpublikum in Ost
und West lernte ihn durch das 1998

in der ARD mit großem Erfolg aus-
gestrahlte dreiteilige Fernsehspiel
kennen. Der rekonstruierte Laden mit
authentischer Einrichtung und Waren
in Originalverpackungen aus alten

Spremberg: Lange Straße mit Rathaus

Zeiten wurde als Museum hergerich-
tet *(Di–Fr 13–17, Sa/So 10–12, 13 bis
17 Uhr | www.strittmatter-verein.de).*
   Wanderfreudige Literaturfreunde
führt ein 2,5 km langer Rundwander-
weg zu zahlreichen Schauplätzen der
Romantrilogie. *16 km von Spremberg*

> ZWEISPRACHIGE ORTS- UND STRASSENSCHILDER

Sorbische Bräuche, Städte mit bewegter Vergangenheit und
Dörfer mit alten Umgebindehäusern

> **Zweisprachige Orts- und Straßenschilder um Bautzen, Hoyerswerda, Kamenz und Weißwasser sagen es jedem Ankommenden: Du befindest dich im Sorbenland. Die Trachten der Sorben sind hier nicht nur in Museen zu bewundern, an Fest- und Feiertagen bereichern sie die Bilder von Städten und Dörfern.**

Mit zu Stein gewordener Geschichte warten in der vielgestaltigen Oberlausitzer Landschaft besonders die Altstadtkerne der traditionsreichen

Städte Bautzen und Zittau auf, vor allem aber der von Görlitz, der 1600 denkmalgeschützte Bauwerke vorzuweisen hat. Alte Handels- und Pilgerwege werden mit der neu ausgewiesenen touristischen Route *Via sacra* (Heilige Straße) wieder belebt, die sakrale Stätten in der Oberlausitz, in Polen und Tschechien miteinander verbindet *(www.via-sacra.info)*.

Das Bergland ist im Gegensatz zur Heide- und Teichlandschaft dicht be-

Bild: Bautzen

OBERLAUSITZ

siedelt. In den Tälern ziehen sich oft kilometerlang Dörfer mit den charakteristischen Umgebindehäusern und gepflegten Vorgärten hin. Türstöcke aus Granit und Sandstein, Schieferverkleidungen und Sonnenuhren prägen das Erscheinungsbild dieser Volksarchitektur. Zu den Höhen des Berglandes, auf denen vielfach Aussichtstürme und Gaststätten auf Touristen warten, führen gut markierte Wanderwege.

BAD MUSKAU

[117 D3] Der große und prachtvolle Landschaftspark im englischen Stil machte Bad Muskau (4000 Ew.) weithin bekannt. Das Kunstwerk schuf Hermann Fürst von Pückler-Muskau ab 1815 als eine „zusammengezogene idealisierte Natur". Den amtlichen Zusatz „Bad" darf die Stadt an der Neiße – und damit an der polnischen Grenze –, die auf die Gründung einer Wasserburg um etwa 1200 zurückgeht, seit 1961 führen. Am nordwestlichen Stadtrand bei der B 156 verläuft die Grenze zwischen Sachsen und Brandenburg, die zugleich die Grenze zwischen der Nieder- und der Oberlausitz bildet.

nenswert ist auch der Blick vom *Schlossturm. April–Okt. tgl. 10 bis 18 Uhr | www.muskauer-park.de*

MUSKAUER PARK ⭐

Der Muskauer Park ist ein von Menschenhand geschaffenes Naturkunst-

Künstlerisch veredelte Natur in Vollendung – der Muskauer Park

▪ SEHENSWERTES ▪

FÜRST-PÜCKLER-AUSSTELLUNG

Nach fünf Jahrzehnten als Ruine konnte das wiederhergestellte Neue Schloss im Muskauer Park 2008 wieder Gäste empfangen. Im Südflügel eröffnete eine Ausstellung zu Fürst Pückler, dem Gartenkünstler, Schriftsteller, Lebemann und Abenteurer. Sie beleuchtet auf unterhaltsame Art und Weise viele Facetten des ereignisreichen Lebens des Fürsten, der in diesem Schloss geboren wurde. Loh-

werk. 2004 nahm die Unsesco den zweistaatlichen Park, das Meisterwerk des Gartenkünstlers Hermann Fürst von Pückler-Muskau, in ihre Welterbeliste auf. Das Wegenetz hat eine Länge von 27 km, tagelang könnte man auf dem 800 ha großen Gelände des englischen Landschaftsparks herumstreifen. Von vielen Stellen aus bieten sich großartige Ausblicke. Das *Alte Schloss* entstand nach der Zerstörung im Zweiten Weltkrieg wieder, das nach Kriegsende 1945

> *www.marcopolo.de/lausitz*

ausgebrannte *Neue Schloss*, in dem der geniale Gartengestalter Pückler geboren wurde, ist erst seit kurzem wieder zugänglich. Die im Tudorstil erbaute *Orangerie* war einst das Überwinterungshaus für die empfindlichen Orangenbäume; nach jahrzehntelangem Verfall wurde sie restauriert und wird heute für kulturelle Zwecke genutzt. Im *Tropenhaus* in der ehemaligen Schlossgärtnerei gedeihen Kakteen und andere Pflanzen aus fernen Ländern prächtig *(Ostern bis Okt. Mo–Fr 8–16, Sa/So 10–17 Uhr)*.

Viele Jahre teilte die unpassierbare Staatsgrenze zwischen der DDR und Polen den Park. Erst seit kurzem sind beide Seiten wieder durch eine Brücke verbunden, Passkontrollen gibt es nicht mehr. Deutsche und polnische Gartengestalter arbeiten bei der Neugestaltung des Parks nach historischem Vorbild zusammen. Zugewucherte Sichtachsen wurden freigeschlagen, so hat man vom „Pücklerstein" im polnischen Teil wieder den viel gerühmten Panoramablick in den westlichen Parkteil. *Öffentliche Parkführungen April–Okt. Sa/So 14 (Dauer 1,5–2 Std.), ganzjährig So 10 Uhr (Dauer 1 Std.). www.muskauerpark.de*

■ ESSEN & TRINKEN

AM WASSERTURM

Gutbürgerliche Küche im originellen Ambiente des fast 100 Jahre alten Wasserturms. *April–Sept. tgl., sonst Mo geschl. | Schützenstr. 1 | Tel. 035771/68 940 | www.wasserturmbadmuskau.de | €*

CAFÉ FÜRST PÜCKLER

Hier gibt es noch das echte Fürst-Pückler-Eis. *Im Schlossvorwerk | Tel. 035771/644 88*

■ ÜBERNACHTEN

AM SCHLOSSBRUNNEN

Hotel mit angenehmer, familiärer Atmosphäre. *13 Zi. | Köbelner Str. 68 | Tel. 035771/52 30 | Fax 523 50 | www.schlossbrunnen.de | €*

TURMVILLA ▶▶

Insider Tipp

Das Kultur- und Begegnungszentrum Turmvilla bietet 44 Betten in Zimmern mit einfacher Ausstattung, eine

MARCO POLO HIGHLIGHTS

★ **Muskauer Park**
Der einzige Landschaftsgarten der Welt, den sich zwei Länder teilen (Seite 60)

★ **Oderwitz**
Wetterkabinett, Modellbahnen, Sommerrodelbahn und drei Windmühlen (Seite 79)

★ **Görlitzer Altstadt**
Ein Bilderbuch deutscher Architekturgeschichte (Seite 67)

★ **Weißenberg/ Museum Alte Pfefferküchlerei**
250 Jahre alte Handwerkstradition (Seite 66)

★ **Kleinwelka**
Urzeiterlebnisse, Irrgarten und Miniaturpark (Seite 65)

★ **König-Friedrich-August-Turm**
Meisterwerk der Eisengießerkunst auf dem Löbauer Berg (Seite 77)

Kinderbetreuung kann mitgebucht werden. Die Gaststätte *O'leander* bewirtet die Gäste, die Terrasse dient bei schönem Wetter als Biergarten, und im gemütlichen Kulturkeller ist ganzjährig eine Menge los *(Okt. bis April Mo geschl.). Hermannsbad 9 | Tel. 035771/52 60 | Fax 526 37 | www.turmvilla.de | €*

■ AUSKUNFT ■

BAD MUSKAU-TOURISTIK
Im Alten Schloss | 02953 Bad Muskau | Tel. 035771/504 92 | Fax 699 06 | www.badmuskau.info

>LOW BUDGET

> Die *Lausitz-Card* ist die regionale Rabattkarte für Tourismus- und Freizeitangebote in der Oberlausitz und im polnischen Landkreis Luban. Für 5 Euro gewähren rund 40 Partnerunternehmen Preisnachlässe *(www.lausitzcard.com)*.

> Der *Mönchshof* in Bautzen lädt mittwochs zum „Rippenschmaus". Für 8,88 Euro werden Rippchen mit Sauerkraut und Brot sowie 0,2l Hauswein oder ein 0,5l großes Bier gereicht *(tgl. | www.moenchshof.de)*.

> Do und So 12 Uhr (Nov.–März nur So) erklingt in Görlitz in der *Kirche St. Peter und Paul* die Sonnenorgel mit ihren 1095 Pfeifen. Der Eintritt in das 45-60-minütige Konzert ist frei, es wird nur um eine Spende gebeten.

> Im *Schlesischen Museum (www.schlesisches-museum.de)* und im *Staatlichen Museum für Naturkunde (www.naturkundemuseum-goerlitz.de)* in Görlitz ist jeden 1. So im Monat der Eintritt frei.

■ ZIELE IN DER UMGEBUNG ■

ERLICHHOFSIEDLUNG RIETSCHEN [117 D–E5]

Der Erlichhof und weitere denkmalgeschützte Schrotholzhäuser, haben eine lange Wanderung hinter sich. Als sie durch die Braunkohletagebaue in Gefahr gerieten, wurden sie in Einzelteile zerlegt, nach Rietschen transportiert und hier als Museumsdorf aufgebaut *(Di–So 10–17 Uhr | im Winter eingeschränkte Öffnungszeiten | www.erlichhofsiedlung.de)*. Eine Scheune wird als Keramik-Schauwerkstatt genutzt, eine andere als Töpferei. Vorhanden sind auch ein Schauweberei und ein Glasstübchen. Die *Theaterscheune* erfreut mit Kleinkunst. In der Wolfsscheune informiert die Ausstellung „Lausitzer Wölfe" über die seit kurzem wieder in der Lausitz heimischen Raubtiere *(www.wolfsregion-lausitz.de)*. In der *Gaststätte Forsthaus am Erlichhof* gibt es regionaltypische Speisen *(Mo und im Jan. geschl. | Tel. 035772/40562 | www.forsthaus-erlichhof.de | €). 16 km von Bad Muskau*

LAUSITZER FINDLINGSPARK NOCHTEN [116 C5]

Insider Tipp

Erdgeschichte hautnah erleben: Rund 5000 Schwergewichte aus der Eiszeit, alle aus Braunkohletagebauen der Lausitz stammend, wurden hier angeordnet. Der 20 ha große Findlingspark mit naturnahen Gartenbereichen entstand auf der Innenkippe des Tagebaus Nochten, vom Gipfelbereich ist der gesamte Park zu überschauen. *Mitte März–Mitte Nov. tgl. 10–18 (Nov. bis 17) Uhr | www.lausitzer-findlingspark-nochten.com | 22 km von Bad Muskau*

WEISSWASSER [116–117 C–D4]

Lange Zeit war die Stadt (22 000 Ew.) eine der Glasmetropolen Europas, auch gegenwärtig besitzen die Glasbläser internationales Ansehen. An die große Zeit der Glasherstellung erinnert das *Glasmuseum (Forster Str. 12 | Mo, Di, Do 8–15, Mi 8–17, Sa 13–17, So 14–17 Uhr).* Vom Bahnhof Teichstraße schnauft von Frühjahr bis Herbst die Waldeisenbahn – oftmals mit Dampflokomotiven – nach Kromlau und Bad Muskau. *www. waldeisenbahn.de | www.weisswasser.de | 8 km von Bad Muskau*

BAUTZEN

 KARTE IN DER HINTEREN UMSCHLAGKLAPPE

[120 B2] Das „sächsische Nürnberg" wird Bautzen (43 000 Ew.) seiner mittelalterlichen Bauwerke wegen genannt. Die tausendjährige Geschichte der Stadt ist an Straßen, Gassen und Türmen ablesbar. Der denkmalgeschützte Altstadtkern blieb seit dem Dreißigjährigen Krieg weitgehend unverändert. Der Hauptmarkt mit Rathaus, Patrizierhäusern und dem Marktbrunnen mit der Statue des Ritters Dutschmann gehört zu den Musterbeispielen mittelalterlicher Platzanlagen. Bautzen, sorbisch Budyšin, bildet das Zentrum der Sorben in der Oberlausitz. In den Geschäften, im Rathaus oder beim Plausch an den Bushaltestellen ist die sorbische Sprache noch recht oft zu hören. Ein Geschichtslehrpfad führt auf einem Inneren und einem Äußeren Weg zu insgesamt 50 ausgewählten Baudenkmalen, auch zur spätgotischen Ortenburg, die eindrucksvoll das Stadtbild prägt.

■ SEHENSWERTES

ALTE WASSERKUNST ✵

Das technische Denkmal mit Aussichtsplattform wurde das Wahrzeichen von Bautzen. Von 1558 bis in

Alte Wasserkunst Bautzen

die 1920er-Jahre hinein versorgte das berühmte Pumpwerk die Stadt mit Wasser aus der Spree. *April–Okt. tgl. 10–17, Nov./Dez., Feb./März 10–16, Jan. Sa/So 10–16 Uhr*

DOMSCHATZKAMMER ST. PETRI

Zu den Kostbarkeiten gehört eine spätgotische Monstranz aus Silber und Gold aus dem Jahre 1520. *Mo bis Fr 10–12, 13–16 Uhr | An der Petrikirche*

GEDENKSTÄTTE BAUTZEN

Die Bautzener Gefängnisse waren während der NS-Zeit und unter dem SED-Regime berüchtigt. Ulbricht, Honecker & Co. ließen in der Haftanstalt Bautzen II, dem Stasi-Gefängnis, viele politisch Unbequeme inhaftieren. *Di–Do 10–16 Uhr, Fr 10 bis 20, Sa/So 10–18 Uhr | Weigangstr. 8a | www.gedenkstaette-bautzen.de*

PETRIDOM

Die einzige Simultankirche im Osten Deutschlands. Seit 1534 nutzen Katholiken den Chorraum und evangelische Christen das Langhaus. Damit sich die Konfessionen nicht ins Gehege kommen, trennt sie eine ein Meter hohe Barriere. 214 Stufen führen zur Aussichtsplattform in 52 m Höhe (Eingang Westportal). *Fleischmarkt*

REICHENTURM

Das 56 m hohe Bauwerk aus dem 15. Jh. zeigt dem Betrachter seine Zuneigung und erinnert damit sehr an den Schiefen Turm von Pisa. Angst vor dem Besteigen braucht niemand zu haben, durch Untergrundarbeiten konnte die Neigung bei 144 cm Abweichung gestoppt werden. *April–Okt. tgl. 10–17 Uhr*

SORBISCHES MUSEUM

Im ehemaligen Salzhaus informiert die Ausstellung über Geschichte, Kultur und Lebensweise des sorbischen Volkes. Trachten aus allen Regionen und sorbische bildende Kunst ergänzen das Angebot. *April–Okt. Mo–Fr 10–17, Sa/So 10–18, Nov. bis März Mo–Fr 10–16, Sa/So 10–17 Uhr | Ortenburg 3*

Insider Tipp

ESSEN & TRINKEN

L'AMBIENTE

In dem modernen Restaurant mit südländischem Flair wird leichte,

Im Saurierpark Kleinwelka begegnet man den Urechsen in Originalgröße

neue, mediterrane Küche serviert. *So geschl.* | *Innere Lauenstr. 1* | *Tel. 03591/442 63* | *www.l-ambiente.de* | €€–€€€

MÖNCHSHOF

Mittelalterliches Flair im historischen Gewölbe. Es gibt selbst gebackenes Brot und Honigwein, Gaukler und Minnesänger sorgen für Unterhaltung. *Tgl.* | *Burglehn 1* | *Tel. 03591/49 01 41* | *www.moenchshof.de* | €€

Insider Tipp

WJELBIK

Veronika Mahling lebt sorbische Traditionen, von der herzlichen Begrüßung mit Brot und Salz bis zu Gerichten der sorbischen und Lausitzer Küche. *Tgl.* | *Kornmarkt 7* | *Tel. 03591/420 60* | *www.wjelbik.de* | €

Insider Tipp

■ EINKAUFEN

Wunderschöne sorbische Trachtenpuppen, verzierte Ostereier und Blaudruck gibt es in der *Sorbischen Kulturinformation (Postplatz 2).* Im *Bautz'ner Senfladen* kann man nicht nur den traditionellen Senf kaufen, sondern in dem kleinen Museum einiges über die Senfherstellung lernen *(Fleischmarkt 5 | www.bautzner. de).*

■ ÜBERNACHTEN

ALTE GERBEREI

14 unterschiedlich eingerichtete Zimmer mit Blick auf die Altstadt. Angenehm ist der freundliche und individuelle Service. *Uferweg 1* | *Tel. 03591/272390* | *Fax 272321* | *www.hotel-alte-gerberei.de* | €€

HOTEL GOLDENER ADLER

In dem 600 Jahre alten Renaissancehaus erwartet den Gast trotz des historischen Rahmens der Komfort unserer Tage. *30 Zi.* | *Hauptmarkt 4* | *Tel. 03591/486 60* | *Fax 48 66 20* | *www.goldeneradler.de* | €€€

SPREE-HOTEL BAUTZEN ≫

Aus den Zimmern des Neubaus in ruhiger Lage hat man den Blick auf die Talsperre Bautzen. *80 Zi.* | *An den Steinbrüchen 2* | *Tel. 03591/213 00* | *Fax 21 30 10* | *www.spreehotel.de* | €€

■ AM ABEND

Das *Deutsch-Sorbische Volkstheater,* das einzige professionelle zweisprachige Theater Deutschlands *(Seminarstr. 12 | www.theater-bautzen.de),* bietet ein abwechslungsreiches, heiteres wie ernstes Programm. Kinder- und Jugendtheater, Puppenspiel und kleines Schauspiel gibt es im neuen *Burgtheater (Ortenburg 7).*

■ AUSKUNFT

BAUTZEN-INFORMATION

Hauptmarkt 1 | *02625 Bautzen* | *Tel. 03591/420 16* | *Fax 46 44 99* | *www. bautzen.de*

■ ZIELE IN DER UMGEBUNG

KLEINWELKA ★ [120 B2]

Das kleine Dorf wurde durch mehrere Sehenswürdigkeiten zu einem der beliebtesten Ausflugsziele in der Lausitz. Anziehungspunkt ist der *Saurierpark Kleinwelka (Ende März bis Anfang Nov. tgl.* | *www.saurier park.de)*, in dem über 200 in Lebensgröße nachgebildete Reptilien zu bestaunen sind. So der Dinosaurier Diplodocus, der vor 200 Mio. Jahren in Seen und Sümpfen Nordamerikas lebte. Im ebenfalls ganzjährig tgl. geöffneten *Sauriergarten Großwelka* (www.sauriergarten.de) wird das Leben der Urmenschen durch szenische Gestaltungen erlebbar. Für beide Einrichtungen gibt es eine gemeinsame Eintrittskarte.

Zu den weiteren Attraktionen, die das Dorf bereit hält, gehört der *Irrgarten (Mitte März–Okt. tgl. | www. irrgarten-kleinwelka.de)*, laut Eigen-

Holzfiguren bewegen. *Mitte März bis Okt. tgl. 9–18 Uhr | www.miniaturenpark.de | 4 km von Bautzen*

WEISSENBERG/MUSEUM
ALTE PFEFFERKÜCHLEREI ⭐ [121 D2]

Zweieinhalb Jahrhunderte, bis 1937, haben in dem Häuschen am Markt in dem Städtchen Weißenberg die Fa-

Gelungene Sanierung: Häuserzeile in der Görlitzer Struvestraße

werbung der größte Deutschlands: 30 720 verschiedene Möglichkeiten gibt es, zum Ziel in der Mitte zu gelangen. Das Wegenetz ist 1,5 km lang, der kürzeste Weg zum Ziel beträgt etwa 350 m.

Im *Miniaturenpark* führt Sie ein Rundweg zu über 70 verschiedenen Modellen, darunter in das mechanische Dorf zu den Miniaturstuben, in denen sich viele der 13 cm großen

milien Bräuer und Opitz Pfefferkuchen hergestellt. Nach dem Museumsrundgang kann man im Laden mit der 150 Jahre alten Einrichtung in Holzmodel ausgeformte, weiße Pfefferkuchen kaufen, nach alten Rezepten von den Museumsmitarbeitern gebacken *(Di–Fr 8–12, 13–16, Sa/So 13–17 Uhr, jedes 1. Wochenende im Monat geschl. | Markt 3). 17 km von Bautzen*

GÖRLITZ

KARTE IN DER HINTEREN UMSCHLAGKLAPPE

[121 F2–3] Die Altstadt gilt als eine der bedeutendsten Renaissanceanlagen nördlich der Alpen, Görlitz (57 000 Ew.) besitzt aber auch Deutschlands größtes erhalten gebliebenes Gründerzeitviertel (um den Stadtpark). Zu DDR-Zeiten wurden die 1600 unter Denkmalschutz stehenden Bauwerke leider arg vernachlässigt. In den vergangenen Jahren erfolgten aber umfangreiche Sanierungsarbeiten, und nun zählt Görlitz wieder zu den schönsten Städten Deutschlands.

Von 1815 bis 1945 gehörte Görlitz zur preußischen Provinz Schlesien. Im Ergebnis des Zweiten Weltkriegs kam die am östlichen Neiße-Ufer liegende Oststadt unter dem Namen Zgorzelec zu Polen; 12 000 Deutsche wurden von dort durch die polnischen Behörden ausgesiedelt. Die östlichste Stadt Deutschlands besitzt exakt Mitteleuropäische Zeit, denn durch sie verläuft der 15. Längengrad. Ein Findling im Stadtpark markiert den Verlauf des 15. Meridians. ☀ Weithin sichtbar erhebt sich der Görlitzer Hausberg in der Landschaft, die 419 m hohe *Landeskrone.*

■ SEHENSWERTES ■

ALTSTADT ★

Bauten der Gotik, Renaissance und des Barock ergeben ein Bilderbuch deutscher Architekturgeschichte. Der Rundgang sollte am *Kaisertrutz* beginnen, der 1641 zu seinem Namen kam, weil er im Dreißigjährigen Krieg dem Ansturm kaiserlicher Truppen trotzte. Aus dem gegenüber

liegenden ☀ *Reichenbacher Turm* zog 1904 der letzte Türmer aus. Auch bei schlechtem Wetter, wenn sich keine Sicht bietet, lohnt das Hochsteigen, denn es sind Zeugnisse aus der Stadtgeschichte zu sehen *(Mai bis Okt. Di–So 10–17, Fr bis 20 Uhr).* *Napoleonhaus* wird der Barockbau *Obermarkt 29* genannt, weil vom Balkon Napoleon I. 1813 eine Parade seiner Truppen abnahm. Die Brüderstraße führt zum *Untermarkt* mit seinen Patrizierhäusern. Die Westseite des Platzes nimmt das aus vier Gebäuden bestehende *Rathaus* ein. Bauhistorisch wertvoll ist die Freitreppe mit der Verkündigungskanzel und einer Kandelabersäule mit der Justitia. Der Rathausturm besitzt zwei Uhren, Sie sollten aufmerksam das ==untere Zifferblatt== [**Insider Tipp**] beobachten: Jede Minute klappt die Kinnlade des behelmten Kriegerkopfes herunter. Der in einer Fensternische ruhende Löwe lässt sich leider nur noch auf Bestellung zu einer Stimmprobe bewegen. Zu den eigenartigen Attraktionen gehört das spätgotische Portal des Hauses Untermarkt 22. Es bekam vom Volksmund den Namen ==Flüsterbogen,== [**Insider Tipp**] denn Worte, die auf einer Seite in die Hohlkehle geflüstert werden, sind für den Lauscher auf der anderen Seite laut und deutlich vernehmbar.

HEILIGES GRAB

Mittelalterliche Nachbildung der heiligen Stätte in Jerusalem mit zweigeschossiger Kreuzkapelle, Salbungshäuschen und Grabkapelle. Im anschließenden Landschaftsgarten entstanden symbolhaft der Bach Kidron, Jüngerwiese und Ölberg. *April* bis Sept. *Mo–Sa 10–18, So 11–18, Okt.–März Mo–Sa 10–16, So 11–16 Uhr | Heilige-Grab-Str. 79, Ecke Friedhofstraße | www.heiligesgrab-goerlitz.de*

SCHLESISCHES MUSEUM

Im ältesten datierten Renaissance-bürgerhaus Deutschlands, dem 1526 erbauten Schönhof, eröffnet das Museum im Mai 2006 die erste ständige Ausstellung. Bereits jetzt sind im Nebengebäude Untermarkt 4 Sonderausstellungen zu sehen. *Di–So 10–17 Uhr | Brüderstr. 8 | www.schlesisches-museum.de*

STAATLICHES MUSEUM FÜR NATURKUNDE

Zu den attraktivsten Abteilungen gehören „Tiere des Dschungels" (den Dschungelbüchern von Rudyard Kipling nachempfunden), „Tiere und Pflanzen der Oberlausitz" sowie „Edelsteine der Tropen – lebende Tiere aus dem Regenwald": Etwa 70 Tiere sind in Aquarien und Terrarien zu bestaunen. *Di–So 10–17 Uhr |*

Insider Tipp

Marienplatz | www.naturkundemuseum-goerlitz.de

■ ESSEN & TRINKEN ■

DESTILLE

Gemütliche Altstadtgaststätte, bekannt für ihre schlesischen Spezialitäten. November bis April täglich frischer Karpfen in verschiedenen Zubereitungsarten. *Di geschl. | Nikolaistr. 6 | Tel. 03581/40 53 02 | www.destille-goerlitz.de | €€*

DREIBEINIGER HUND

Historisches Haus, in dem Lausitzer Gerichte und saisonale Küche serviert werden. Vergessen Sie nicht, nach der Geschichte des dreibeinigen Hundes zu fragen! *Tgl. | Büttnerstr. 13 | Tel. 03581/423980 | www.dreibeinigerhund.de | €€*

LE TROU NORMAND

Typisch französisches Bistro mit großer Terrasse und der entsprechenden Küche. *Tgl. | Untermarkt 13 | Tel. 03581/417037 | www.letrou.de | €€–€€€*

❯ DIE SPENDERMILLIONEN
Mister X – keiner kennt den Wohltäter

Sei 1995 gehen jedes Jahr im Februar auf einem Konto bei der Niederschlesischen Sparkasse anonym 511500 Euro ein. Der Vermerk: „Altstadtstiftung Görlitz". Bis zur Euro-Einführung war es jeweils eine Million Mark, und deshalb spricht man in Görlitz weiterhin von der „Altstadtmillion". Am Anfang eines jeden Jahres wartet ganz Görlitz gespannt, ob der noble Spender, der unerkannt bleiben möchte, wieder überweisen wird. Lange bevor die Spende eingeht, liegen dem Stiftungskuratorium bereits die Anträge für die Altstadtmillion vor. Die Neugier auf den Wohltäter ist groß, man wollte ihn deshalb schon über den Bankweg ausspähen. Aus Angst, den Spender zu verärgern, hat man das dann unterlassen. 2005 wurden dem anonymen Gönner von Görlitz zu Ehren an rund 100 sanierten Gebäuden Plaketten angebracht.

SCHNEIDER-STUBE
Elegantes Restaurant mit internationaler, regionaler und französischer Küche. *Mo geschl. | Peterstr. 8 (im Hotel Tuchmacher) | Tel. 03581/473 10 | €€€*

■ EINKAUFEN

Auch wenn Sie nichts kaufen möchten, lohnt ein Blick in das Warenhaus *Am Marienplatz* mit zentralem ==Lichthof== und Galerien: Es ist das einzige Großkaufhaus im Osten Deutschlands, das aus der Zeit vor 1914 originalgetreu erhalten blieb. In einem Seitenarm der Berliner Straße lädt die *Straßburg-Passage* zum Flanieren und Kaufen ein.

Insider Tipp

■ ÜBERNACHTEN

HOTEL BÖRSE UND GÄSTEHAUS IM FLÜSTERBOGEN ჵ
Jedes Zimmer in dem prachtvollen Barockgebäude ist ein kleines Juwel. Das Gästehaus befindet sich gegenüber. *27 Zi. | Untermarkt 16 | Tel. 03581/76420 | Fax 76 42 79 | www.boerse-goerlitz.de | €€€*

ROMANTIK-HOTEL TUCHMACHER ჵ
Moderner Komfort in zwei Renaissancebürgerhäusern der Altstadt. 42 große, individuelle Zimmer. *Peterstr. 8 | Tel. 03581/473 10 | Fax 47 31 79 | www.tuchmacher.de | €€€*

SORAT HOTEL GÖRLITZ ჵ
Nicht nur die Außenfassade, auch die Zimmer des modernisierten Hotels wurden sorgfältig im Jugendstil gestaltet. *46 Zi. | Struvestr. 1 (am Marienplatz) | Tel. 03581/40 65 77 | Fax 40 65 79 | www.sorat-hotels.com | €€ – €€€*

■ AM ABEND
Fr/Sa Disko im ▶▶ *2 Linden Dancingcenter (Clara-Zetkin-Str. 2 | www.2-linden.de).* Das Programmkino *Camillo (Handwerk 13/Krän-*

Das Hotel Börse bietet seinen Gästen stilreines Ambiente

zelstraße) spielt Filme, die in anderen Kinos eher selten laufen. Programmwünsche werden entgegengenommen unter *Tel. 03581/66 19 20 | filmwunsch@camillokino.de | www.camillokino.de.* Das *Theater Görlitz*

(Demianiplatz 2 | www.theater-goer litz.de) bietet Oper, Operette und Musical; häufig Gastspiele der Theater von Zittau und Bautzen.

■ AUSKUNFT ■

TOURIST INFORMATION

Obermarkt 32 (Anschrift: Fleischerstr. 19) | 02826 Görlitz | Tel. 03581/ 194 33 | Fax 47 57 27 | www.goer litz.de | www.europastadt-goerlitz.de

■ ZIELE IN DER UMGEBUNG ■

KLOSTER ST. MARIENTHAL   [121 E–F4]

In der beeindruckenden barocken Klosteranlage der Zisterzienserinnen am Neiße-Ufer bei Ostritz leben noch heute Ordensschwestern. Sie haben das Internationale Begegnungszentrum gegründet, das die Dauerausstellung „Ora et labora – Geschichte und Gegenwart der Zisterzienser" zeigt. Eine Livekamera überträgt das Treiben im Marienthaler Storchennest auf einen großen Bildschirm in der Ausstellung *(tgl. 10–12, 14–16.15 Uhr)*.

Zum Kloster gehören weiterhin der Garten der Bibelpflanzen, der Klostermarkt mit selbst hergestellten Produkten, der Kloster-Kräutergarten und der Essigkeller. Im Josefshaus und in der Propstei stehen 70 preiswerte, aber gut eingerichtete Einzel- und Doppelzimmer sowie Appartements mit Dusche und WC zur Verfügung *(02899 Ostritz | Tel. 035823/ 772 38 | Fax 772 37 | www.ibz-mari enthal.de | www.kloster-marienthal. de | € | Parkplatz an der B 99).* 14 km von Görlitz

KULTURINSEL EINSIEDEL   [121 F1]

Die Kulturinsel Einsiedel verbindet Natur, Kunst und Kultur. In der *Galerie* gibt es Keramik und Grafiken zu kaufen, im Gelände klettert man über Brücken und durch 500 m lange Geheimgänge. In der *Kulturscheune* und auf Bühnen finden Kulturveran-

> BLOGS & PODCASTS

Die besten Tagebücher und Files im Netz

> **www.cottbus-aktuell.de** – Neuigkeiten und Kommentare rund um Cottbus, die zweitgrößte Stadt Brandenburgs.

> **www.lr-online.de** – Die Community umfasst das Einzugsgebiet der „Lausitzer Rundschau": Cottbus, Spree-Neiße, Spreewald, Elbe-Elster, Seeland.

> **http://oberlausitz-digital.de** – Kommentierte Fotos und Texte zu Ereignissen in der Oberlausitz.

> **www.rbb-online.de** – Zahlreiche Podcasts verschiedener Sendungen stellen die Sender Antenne Brandenburg, Radio Fritz, Radio Eins und Inforadio zur Verfügung.

> **www.mdr.de** – Das sächsische Pendant: Podcasts verschiedener Sendungen zum Runterladen und Abonnieren.

> **www.wie-weit-willst-du-gehen.de** – Immer einen Klick wert: der MARCO-POLO-Reisepodcast.

Für den Inhalt der Blogs & Podcasts übernimmt die MARCO POLO Redaktion keine Verantwortung.

staltungen statt. In der Kulturinsel Einsiedel ist Deutschlands erstes *Baumhotel* entstanden. 10 m über dem Erdboden sind die fünf Baumhäuser mit 20 Betten in den Wipfeln der Bäume verankert. Stelzen sichern sie ab; über eine hölzerne Treppe gelangt man nach oben. Licht ist vorhanden, eine „Nottoilette" gehört zur Standardausstattung. Brücken verbinden die Hütten untereinander. Bedingung: Schwindelfrei sollte man sein *(€€€). Neißeaue, Ortsteil Zentendorf | Mitte März–Okt. tgl. 10–18 Uhr | Tel. 035891/49 10 | www.kulturinsel.de | 13 km von Görlitz*

nsider Tipp

HOYERS-WERDA

[116 A5] Das unscheinbare Ackerbürgerstädtchen (43 000 Ew.) Hoyerswerda wurde in den 1960er- und 70er-Jahren zur Wohnstadt der Berg- und Energiearbeiter des Kohleveredlungskombinats „Schwarze Pumpe". Die Einwohnerzahl stieg von 7000 auf 77000. Nach der Einheit verlor die Braunkohle, in der DDR der wichtigste Energielieferant, an Bedeutung, und Tausende verloren ihre Arbeit und zogen weg. Etwa 30 000 Wohnungen wurden nach 1955 in Hoyerswerda gebaut, mindestens 10 000 werden nun abgerissen, weil sie leer stehen.

Einen starken Kontrast zu den Neubausiedlungen mit parkähnlichen Anlagen bildet die Altstadt mit Renaissancerathaus, spätgotischer Johannis- und barocker Kreuzkirche, sowie dem Schloss, das ein Abschiedsgeschenk von August dem Starken an seine Mätresse von Te-

Prachtvoll: Klosterkirche St. Marienthal

schen war. Ein mittelalterliches Fluidum hat sich die Lange Straße erhalten, die man vom Markt aus in wenigen Minuten erreicht.

■ SEHENSEWRTES ■

KONRAD-ZUSE-COMPUTERMUSEUM

Informationen zur Entwicklung der Rechnertechnik und über den „Computervater" Konrad Zuse, der mehrerere Jahre in Hoyerswerda lebte und Ehrenbürger der Stadt ist. *Lausitzer Technologiezentrum Lautech | Straße E | Di–Do 9–16, Fr 9–11, So 14–18 Uhr | www.konrad-zuse-computer museum.de*

ZOO

Insider Tipp

Sehenswert ist der Tierpark direkt im Zentrum am Schloss. Rund 1200 Tiere in 190 Arten leben hier, ein Tropenhaus und zwei Lehrpfade zu Ornithologie und Geologie ergänzen das Angebot. *März–Okt. 9–18, Nov. bis Feb. 9–16 Uhr | Am Haag 20 | www.hoyerswerda-zoo.de*

ESSEN & TRINKEN
CAFÉ AMBIENTE
Italienisches Eis aus eigener Produktion, Crêpes und am Abend Wein und Cocktails. *Tgl. | Markt 5*

ANNO 1900
Mittelalterliches Flair in der Straße und Nostalgie im Restaurant. Einfache und preiswerte Gerichte. *Tgl. | Lange Str. 31 | Tel. 03571/478743 | www.anno-1900.eu | €*

ÜBERNACHTEN
ACHAT HOTEL
Etwas außerhalb der Altstadt gelegenes Haus. *89 Zi. | Bautzener Allee 1a | Tel. 03571/47 00 | Fax 47 09 99 | www.achat-hotel.de | € – €€*

HOTEL ZUR MÜHLE
Neubau in zentraler Lage zwischen Markt und Schloss; die Küche verwendet vornehmlich marktfrische Produkte der Lausitz. *20 Zi. | An der Mühle 4 | Tel. 03571/4770 | Fax 477200 | www.muehle-hoywoy.de | €€*

FREIZEIT & SPORT
Spiel und Spaß vor allem auch für Kinder bietet das gut ausgestattete *Erlebnisbad Palm-Springs* mit Wildbach, Piratenschiff, Außenbecken, Whirlpool und vielem anderen. *Am Gondelteich 1 | www.lausitzbad.com*

AM ABEND
Kneipenmusik live und Themenabende: Im Kultur- und Begegnungszentrum *Kulturfabrik* ist fast jeden Abend etwas los. Im *Blow-up-Kino-Café* geht dreimal die Woche der Filmprojektor an, dann werden ausgesuchte Filme gezeigt, die nicht als Massenware durch die großen Kinos ziehen (*Alte Berliner Str. 26 | Tel. 03571/40 59 80 | www.kufa-hoyers werda.de*). Kulturelle Höhepunkte sind die ▶▶ Konzerte im Turbinenhaus der ehemaligen Brikettfabrik (heute Lausitzer Bergbaumuseum): Das Spektrum reicht von Jazz bis Klassik (*Info: Tel. 03571/604267*).

Insider Tipp

Insider Tipp

AUSKUNFT
TOURIST- UND STADTINFORMATION
Schlossergasse 1 | 02977 Hoyerswerda | Tel. 03571/456920 | Fax 456925 | www.hoyerswerda.de | www.lausitzerseenland.de

ZIELE IN DER UMGEBUNG
KNAPPENSEE [116 A5]
Im Mai 1945 geschah ein Malheur: Der Braunkohletagebau Werminghoff wurde unkontrolliert geflutet und bescherte der seenarmen Region den Knappensee. Das 264 ha große Gewässer ist bei Seglern, Surfern und Anglern beliebt, im Sommer tummeln sich Jung und Alt im sauberen Wasser. Naturfreunde können die

Graureiherkolonie im kleinen Dorf Koblenz beobachten. Mit ihren über 400 Brutpaaren gehört die Kolonie zu den besonders großen in Deutschland. *5 km von Hoyerswerda*

LAUSITZER BERGBAUMUSEUM
KNAPPENRODE [116 A5]

1993 endete nach 75 Jahren die Produktion von Braunkohlebriketts in

(März–Okt.). April–Okt. Di–Fr 9–17, Sa/So 10–17, Nov.–März Di–Fr 9 bis 15, Sa/So 10–17 Uhr | www.saechsisches-industriemuseum.de. 4 km von Hoyerswerda

KAMENZ

[119 E1] Als Geburtsstadt von Gotthold Ephraim Lessing ist das kleine Kamenz

Historische Heizöfen im Lausitzer Bergbaumuseum Knappenrode

Knappenrode. Ein Teil der alten Industrieanlagen blieb jedoch stehen und bildet den Kern des Lausitzer Bergbaumuseums. Auf einer Fläche von etwa 2500 m^2 können Sie den Bergbau von gestern, heute und morgen erleben. Besonderen Spaß verspricht die **Fahrt mit der Handhebel-Draisine** auf der 1,4 km langen 900-mm-Spur der einstigen Grubenbahn

Insider Tipp

(18 300 Ew.) in die Literaturgeschichte eingegangen. Wegen seiner vielen schönen Parks und Gärten wird Kamenz aber auch die „grüne Stadt der Oberlausitz" genannt. Gern besuchen die Einheimischen mit ihren Gästen den ❀ *Hutberg* (300 m) am westlichen Stadtrand, vor allem in den Frühlingsmonaten Mai und Juni, wenn dort Hunderte von Rhododendronbüschen und Azaleen blühen. Der 18 m hohe ☀ *Lessing-Turm* ermöglicht einen weiten Blick.

SEHENSWERTES

KIRCHEN

Die Kirchen von Kamenz sind mit mittelalterlichen Kunstwerken geschmückt, die in dieser Zahl und Qualität in nur wenigen anderen sächsischen Städten zu finden sind. Stadtbestimmend ist die *Hauptkirche St. Marien* mit einem spätgotischen Marienaltar und den Grabsteinen von Lessings Eltern. Ältestes Bauwerk von Kamenz ist die *Katechismuskirche* mit einer volkskünstlerischen Ausstattung aus dem 18. Jh. Zum nicht mehr vorhandenen Annenkloster gehörte die spätgotische *Franziskaner-Klosterkirche* mit fünf Altären (1510). Die gotische *Justkirche* außerhalb des Stadtkerns zieren Wandmalereien aus der Zeit um 1380.

LESSING-MUSEUM

Anschauliches und Dokumentarisches zu Leben und Werk von Gotthold Ephraim Lessing. Das Denkmal vor dem Museum zeigt szenische Darstellungen aus seinen Dramen. *Di–Fr 9–17, Sa/So 13–17 Uhr | Lessingplatz 1–3 | www.lessingmuseum.de*

MARKTPLATZ

Im Stil eines italienischen Palasts entstand 1847/48 das Rathaus. Den Andreasbrunnen von 1570 aus Sandstein ziert das Standbild der Justitia. An den spätklassizistischen Fleischbänken mit gewölbtem Laubengang hinter dem Rathaus boten die Fleischer bis Anfang des 20. Jhs. ihre Waren an.

MUSEUM DER WESTLAUSITZ

Im *Elementarium* wird in sieben verschiedenen Themenwelten die Entwicklungsgeschichte der Natur- und Kulturlandschaft der Westlausitz präsentiert *(Di–So 10–18 Uhr | Pulsnitzer Str. 16 | www.museum-westlausitz.de)*. Das *Sammelsurium* gibt dem Besucher Einblicke in die wissenschaftliche Arbeit und die Sammlungsbestände der Archäologie, Geologie und Zoologie *(Mo–Fr 9–16 Uhr | Macherstr. 140)*.

ESSEN & TRINKEN

HUTBERGGASTSTÄTTE

Saisonal abgestimmte deutsche und sächsische Gerichte bestimmen die Küche der Gaststätte auf dem Hutberg. Nebenan steht der jederzeit zugänglichen Lessingturm. *April–Sept. tgl., Okt.–März Mo/Di geschl. | Am Hutberg 25 | Tel. 03578/78 44 47 | www.hutberggaststaette.de | €*

RATSKELLER

In den aus dem 16. Jh. stammenden urigen Gewölben wird gute regionale und europäische Küche serviert. *Tgl. | Markt 10 | Tel. 03578/783 50 | €€*

ÜBERNACHTEN

HOTEL GOLDENER HIRSCH

Beachtenswertes Haus mit großzügiger Ausstattung in zentraler Lage. *40 Zi. | Markt 10 | Tel. 03578/783 50 | Fax 783 55 99 | www.hotel-goldener-hirsch.de | €€*

VILLA WEISSE

Ruhiges, gemütliches Hotel garni. *14 Zi. | Poststr. 17 | Tel. 03578/37 84 70 | Fax 378 47 30 | www.villaweisse.de | €€*

Literarische Reliquien im Lessing-Museum Kamenz

■ AM ABEND ■

Im *Theater (Pulsnitzer Str. 11)*, werden Konzerte, Varieté, Theater, Kabarett, Kleinkunst und Kino geboten. Beliebter Jugendtreff zu später Stunde ist die Diskothek ▶▶ *Jesau* in der *Neschwitzer Str. 31.* Eine besondere Atmosphäre haben die Veranstaltungen in der 10000 Plätze bietenden *Freilichtbühne* am Hutberg.

■ AUSKUNFT ■

KAMENZ-INFORMATION
Pulsnitzer Str. 11 | 01917 Kamenz | Tel. 03578/379205 | Fax 379291 | www.kamenz.de

■ ZIELE IN DER UMGEBUNG ■

BISCHOFSWERDA   [119 F3]
Das klassizistische Rathaus von 1818, der alte Stadtturm Fronfeste und die klassizistische Christuskirche bilden die Sehenswürdigkeiten von Bischofswerda (12500 Ew.),

dem westlichen Tor zur Oberlausitz. Der mit einem Hektar kleinste *Tierpark* Sachsens im Stadtzentrum ist eine Oase der Entspannung *(April bis Okt. tgl. 9–18, Nov.–März bis 17 Uhr | Steinweg | www.tierpark.bischofs werda.de).* Beliebtes Wanderziel von der Stadt aus ist der ✿ *Butterberg* (384 m) mit Aussichtsturm und Berggaststätte *(tgl. | Tel. 03594/70 30 34 | www.butterberg.com | €–€€). www. bischofswerda.de; 16km von Kamenz*

KLOSTER ST. MARIENSTERN   [119 F2]
Eins der wenigen Klöster, das seit seiner Gründung im Mittelalter bis heute der ursprünglichen Bestimmung dient. Die meisten Gebäude des 1248 gegründeten Zisterzienserinnenklosters in Panschwitz-Kuckau entstanden Ende des 17. Jhs. im Barockstil. 1999 öffnete im *Bernhardhaus* des Klosters die Schatzkammer. **Insider Tipp** Zu sehen sind rund 150 Werke der

Malerei und Plastik, Goldschmiede-kunst, Textilien, Glas und Mobiliar aus dem Klosterbesitz, die aus dem 13. bis 18. Jh. stammen *(März bis Okt. Mo–Do 10–16.30, Sa/So 12 bis 16.15 Uhr, Feb., Nov. nur Sa/So ge-öffnet, Dez./Jan. geschl.).* Wie die Schwestern leben und was die Be-weggründe sind, ins Kloster zu ge-hen, zeigt ein Videofilm (Dauer ca. 30 Min.). Im *Cordula- und Konrad-haus* stehen 35 einfache, aber preis-werte Betten zum Übernachten bereit *(Tel. 035796/994 45).* Rustikale At-mosphäre bietet das *Klosterstübel* in der Abtei *(tgl. | Tel. 035796/965 30 | www.klosterstuebel.de | €). www.ma rienstern.de | 7 km von Kamenz*

PULSNITZ [119 E2]
Pfefferküchler, Töpfer, Blaudrucker und Weber sind von alters her in der Stadt (6700 Ew.) beheimatet. Dem *Töpfer Jürgel (Julius-Kühn-Platz 4 | www.toepferei-juergel.de)* darf man bei der Arbeit über die Schulter schauen, ein Blick in die Pfeffer-küchlereien ist leider nicht möglich. Deshalb wurde 1999 im neuen Haus des Gastes eine *Pfefferkuchenwerk-statt* mit einer Schaubackstube zum Selberbacken für Gruppen eröffnet *(max. 8 Personen auf Voranmeldung: Tel./Fax 035955/442 46 | Mo–Fr 9 bis 17, Sa 9–12, So 14–17 Uhr | Am Markt 3 | www.ernst-rietschel.com). www.pulsnitz.de | 10 km von Kamenz*

Inside Tipp

RAMMENAU [119 E2]
Im Schloss, einem der schönsten in Sachsen, wird die Dauerausstellung „300 Jahre Schloss- und Bauge-schichte" gezeigt, im Obergeschoss faszinieren im klassizistischen Stil gestaltete Räume *(April–Okt. tgl. 10 bis 18, Nov.–März So–Fr 10–16, Sa 12–16 Uhr | www.barockschloss-rammenau.com).* Das Tennis- und Freizeitzentrum (Hauptstr. 39), bietet u.a. Bowling, Kegeln, Tennis, Squash, Badminton und Sauna. *www. rammenau.de | 12 km von Kamenz*

Perle des Barock: Schloss Rammenau bei Kamenz

LÖBAU

[121 D3] **Dass die Stadt (17 700 Ew.) heute touristisch „mitmischen" kann, hat sie dem Bäckermeister Friedrich August Bretschneider zu danken, der 1854 den gusseisernen Aussichtsturm auf dem Löbauer Berg stiftete.** Das Meisterwerk des Eisenkunstgusses wurde zu einer touristischen Sehenswürdigkeit. Musikfreunde denken bei Löbau an die Förster-Pianos, auf denen seit rund anderthalb Jahrhunderten in vielen Konzertsälen der Welt gespielt wird. Historisch Interessierte finden im *Museum* den Originalpokal des Lausitzer Sechsstädtebundes. Löbau war 1346 Gründungsort dieses Bündnisses. Die Stadt kann sich als einzige in der Lausitz mit drei Postmeilensäulen schmücken.

■ SEHENSWERTES

HAUS SCHMINKE

Ein herausragendes Beispiel moderner Architektur ist die von Hans Scharoun 1931 bis 1933 in Stahlskelettbauweise mit viel Glas erbaute Villa Schminke. Sie gilt als östlichstes Zeugnis des Bauhauseinflusses. Scharoun gehört zu den wichtigsten Architekten des 20. Jhs., nach dem Zweiten Weltkrieg errichtete er u.a. die Berliner Philharmonie. *Di–So 10–17 Uhr | Kirschallee 1b | www. haus-schminke.de*

KÖNIG-FRIEDRICH-AUGUST-TURM ⭐ ❀

Ein Prachtstück der deutschen Eisengießerkunst des 19. Jhs. Der 28 m hohe Turm auf dem Löbauer Berg wurde 1854 in nur fünf Monaten errichtet. Die rund 1000 Einzelteile besitzen ein Gesamtgewicht von ca. 70 000 kg. Über 120 Stufen erreicht man die letzte der drei Aussichtsplattformen. Die Mühe des Aufstiegs wird mit einem weiten Rundblick be-

König-Friedrich-August-Turm

lohnt. *Mai–Sept. Mo–Fr 9–20, Sa/So bis 22, Okt.–April Mo–Fr 10–18, Sa/So bis 20 Uhr | Löbauer Berg*

OBERLAUSITZER SECHSSTÄDTEBUND- UND HANDWERKSMUSEUM

Das wertvollste Exponat in der Ausstellung ist der Originalpokal des mittelalterlichen Sechsstädtebundes. *Di–Fr 9.30–16.30, Sa 13–17, So 14 bis 17 Uhr | Johannisstr. 3–5*

LÖBAU

■ ESSEN & TRINKEN

KÖNIG-ALBERT-BAD
Gute Gastronomie in stilvollem Ambiente. *Di geschl.* | *Blumenstr. 2* | *Tel. 03585/41 58 74* | *www.koenig-albert-bad.de* | €€€

TURMGASTSTÄTTE
Eine Stunde zu Fuß vom Marktplatz bis zum Löbauer Turm und dann 120 Stufen nach oben – nach diesen Anstrengungen munden Bier oder Brause und die Lausitzer Gerichte besonders gut. *Tgl.* | *Löbauer Berg* | *Tel. 03585/83 25 90* | *www.loebauer-berg.de* | €

■ ÜBERNACHTEN

HONIGBRUNNEN ❧
Wunderbare Aussicht, angenehme und moderne 23 Gästezimmer. *Löbauer Berg 4* | *Tel. 03585/41 39 30* | *Fax 41 39 39* | *www.honigbrunnen. de* | €€

HOTEL STADT LÖBAU 🔊
Familiengeführtes Hotel; ruhig wohnen Sie in den Zimmern zur Rückseite. *35 Zi.* | *Elisenstr. 1* | *Tel. 03585/ 86 18 30* | *Fax 86 20 86* | *www.hotel-stadt-loebau.de* | €–€€

■ FREIZEIT & SPORT

LÖBAUER KARTBAHN
In einer 3500 m² großen Halle stehen 16 Karts mit 4-Takt-Motoren und guter Sicherheitsausstattung bereit. Regelmäßig finden Sonderveranstaltungen statt. Von der Panorama-Gastronomie bietet sich ein toller Blick auf die 400 m lange Strecke. *Mo/Di geschl. außer in den Ferien* | *Dietrich-Bonhoeffer-Str. 7* | *www.kart bahn-loebau.de*

■ AUSKUNFT

LÖBAU-INFORMATION
Altmarkt 1 | *02708 Löbau* | *Tel. 03585/45 01 40* | *Fax 45 01 41* | *www.loebau.info*

■ ZIELE IN DER UMGEBUNG

CUNEWALDE [120 C3]
Über 2632 Sitzplätze verfügt die 1780–93 erbaute barocke *Kirche*. Das dürfte der größte Kirchensaal in der Lausitz sein. Badespaß bietet das *Erlebnisbad (Am Sportzentrum 1)*. *www.cunewalde.de; 8 km von Löbau*

5 km westlich, in Weigsdorf-Köblitz, das *Hotel Alter Weber (43 Zi.* | *Oberlausitzer Str. 13* | *Tel. 035877/ 889 00* | *Fax 889 01 11* | *www.alter weber.de* | *€–€€)* mit Hallenbad, Kegelbahn, Tennisplätzen und zwei rustikalen Restaurants.

HERRNHUT [121 D4]
Der ab 1722 als böhmisch-mährische Exulantensiedlung entstandene Ort wurde zum Ausgangspunkt der weltweiten Herrnhuter Brüder-Unität. Jährlich werden hier die Herrnhuter Losungen als ältestes evangelisches Andachtsbuch für die Christen in aller Welt herausgegeben. Im *Völkerkundemuseum* wird gezeigt, was die Herrnhuter Missionare in ihre Heimatgemeinde schickten *(Di–Fr 9–17, Sa/So 9–12, 13.30–17 Uhr* | *Goethe-str. 1* | *www.voelkerkunde-herrnhut. de)*. Gehen Sie auch zum Gottesacker der Brüdergemeine, der mit seinen über 6000 flach liegenden, schlichten Grabsteinen eine Besonderheit darstellt. Neben der barocken Kirche, von der Unität Gemeinhaus genannt, befindet sich das *Heimatmuseum (Di–Fr 9–17, Sa/So 9–12, 13–17 Uhr*

| Comeniusstr. 6). In der *Löbauer Str. 21* unterhält die Herrnhuter Sterne GmbH einen Laden, in dem der **Original Herrnhuter Advents- und Weihnachtsstern** (40–80 cm Durchmesser) verkauft wird. Eine Schauwerkstatt befindet sich in der Oderwitzer Str. 8 (*Mo–Fr | www.herrnhuter-sterne.de*). *7 km von Löbau*

Insider Tipp

ODERWITZ ⭐ [121 D5]

Oderwitz wurde durch ARD-Wettermann Jörg Kachelmann bekannt, der sein Wetterstudio Ost in dem kleinen Ort eingerichtet hat. Mindestens zehn Sendungen pro Monat kommen aus Oderwitz. Im selben Haus (*Hintere Dorfstr. 15*) besteht das *Wetterkabinett*, in dem Wissenswertes über die Meteorologie zu erfahren ist (*Mo–Do 9–16, Fr 9–13, Juni–Okt. auch So 13–15 Uhr | www.oderwitz.de*).

In Oderwitz befindet sich auch *Sachsens größte Modellbahnanlage* der Spurweite HO. 50 Loks schnaufen mit 500 Waggons computergesteuert über ca. 800 m Gleise. 300 Weichen und Signale, 9000 Bäume und Sträucher sowie Hunderte beleuchteter Laternen und Häuser gehören zur Anlage (*Mai–Sept. Do–Di 10–17, Okt.–April Sa–Di 13–17 Uhr | Kirchstr. 8 | www.modellbahn-oderwitz.city-map.de*). Das Dorf lässt aber auch die Herzen von Mühlenfreunden höher schlagen, denn es gibt drei Bockwindmühlen. Die *Birkmühle* steht für Besichtigungen offen (*Birkmühlstr. 12 | Mo, Do–So 12–17 Uhr | www.birkmuehle.de*). Auf der 587 m langen *Sommerrodelbahn* sausen die Schlitten zu Tal (*tgl. 10–18, Juli/Aug. bis 22 Uhr | www.rodelbahn-oberoderwitz.de*). *13 km von Löbau*

Insider Tipp

Hier werden die original Herrnhuter Advents- und Weihnachtssterne montiert und verkauft

> LANDSCHAFT IM DREILÄNDERECK

Mit der dampfenden Schmalspurbahn zum Oybin, zum Küken,
zur Orgel und zur Taube

> Im äußersten Winkel Deutschlands, der mit Polen und Tschechien ein Dreiländereck bildet, liegt die alte Handelsstadt Zittau. Wo einst die Stadtbefestigung stand, zieht sich der Grüne Ring entlang, dessen Parkbänke pflastermüden Beinen immer wieder Erholung bieten.

Wer sich in die Nähe der Blumenuhr setzt, kann zu jeder vollen Stunde den Volksmelodien des Meißner Glockenspiels lauschen. Zittau gab dem südlich liegenden, keine 50 km² umfassenden Gebirge seinen Namen, in das seit über 100 Jahren dampflokgezogene Schmalspurzüge fahren.

GROSS-SCHÖNAU

[121 D5–6] Landschaftlich schön gelegener Ort (6200 Ew.) am Fuße des Zittauer Gebirges: Prächtige Umgebindehäuser, vor allem beiderseits der Mandau, bestim-

Bild: Felsmassiv im Zittauer Gebirge

ZITTAUER GEBIRGE

men mit Eichen, Linden und Eschen das Bild. Die wohlhabenden Hausbesitzer wetteiferten einst um den prächtigsten Türstock, den sie von Steinmetzen aus Sandstein schlagen ließen. In den Umgebindehäusern ratterten vor 200 Jahren 800 Damasthandwebstühle. In keinem anderen Ort Deutschlands wurde im 18. Jh. so viel und so lange das nach der Stadt Damaskus benannte Bildgewebe hergestellt. *www. grossschoenau.de*

■ SEHENSWERTES ■
DEUTSCHES DAMAST- UND FROTTIERMUSEUM

In einer Schauwerkstatt wird vorgeführt, wie Damast und Frottiergewebe entstand. 27 Textilmaschinen geben Einblick in die Entwicklung der Oberlausitzer Weberei. Einer von den vermutlich nur noch drei funktionstüchtigen Damasthandwebstühlen der Welt steht in diesem Museum. *Nov.–April Di–Fr 10–12, 13–16 so-*

wie jedes 1. und 3. Wochenende Sa/So 13–16, Mai–Okt. Di–So 10–12, 14–17 Uhr | Schenaustr. 3 | www.deutsches damast-undfrottiermuseum.de

MOTORRAD-VETERANEN- UND-TECHNIK-MUSEUM

Hier können Sie sich über die technische Entwicklung vom ersten Lauf-

nen, die in Handarbeit aus Schokolade und Marzipan selbst hergestellt werden. *Mo geschl. | Schenaustr. 11 | Tel. 035841/380 19 | www.cafe-lie be.de*

ZUR WEBERSTUBE

In der urigen Oberlausitzer Blockstube kommt bevorzugt Nahrhaft-

Die Umgebindehäuser von Waltersdorf stehen unter Denkmalschutz

rad bis zum modernen Motorrad informieren. Die Dampfmaschine stammt aus dem Jahr 1903. *April–Okt. Di–Fr 10–12, 13–15, Sa/So 10–12, 13–17 Uhr | David-Goldberg-Str. 27 | www.motorrad-veteranen-museum.de*

■ ESSEN & TRINKEN ■

KONDITOREI & CAFÉ LIEBE

Hier gibt es Kaffee, Tee, Kuchen und Eis. Besonders lecker sind die Prali-

Deftiges auf den Tisch. *Mi. geschl. | Theodor-Haebler-Str. 38 | Tel. 035841/365 75 | €*

■ ÜBERNACHTEN ■

ZUM GRUSSSCHINNER ECK

Gemütliche, ruhige Pension mit geschmackvoll eingerichteten Zimmern, Gaststätte mit guter Oberlausitzer Küche. *9 Zi. | Gartenstr. 1 | Tel. 035841/354 79 | Fax 350 41 | €*

> www.marcopolo.de/lausitz

FREIZEIT & SPORT

TRIXI-PARK ZITTAUER GEBIRGE

Großer Ferien- und Freizeitpark. Zu der 15 ha großen Anlage gehören das größte Waldstrandbad im Osten Deutschlands, ein Campingplatz sowie ein Freizeitbad mit tropischem Flair, Whirlpool, Strömungskanal, Solarien und Außenbecken. Außerdem Saunalandschaft, Tennis-, Badminton- und Volleyballplätze, Gondelteich, Minimarkt, Restaurant. In der Ferienhaussiedlung stehen 92 Häuser für 2–6 Personen zur Verfügung *(Tel. 035841/63 10 | Fax 63 11 18). www.trixi-park.de*

ZIELE IN DER UMGEBUNG

SEIFHENNERSDORF   [120 C5]

Fünf über 400 m hohe Berge umgeben das an der Grenze zu Tschechien liegende, ländlich geprägte Städtchen (4600 Ew.) mit Umgebindehäusern aus dem 17. und 18. Jh. Von den reichen Polierschiefervorkommen in der Umgebung und dem berüchtigten Räuberhauptmann Karasek erzählt das *Karasekmuseum (Di–Fr 9–12, 13–16.30, So 13–16.30 Uhr | Nordstr. 21a | www.karaseks-revier.de).* Einen Streifzug durch die Geschichte der Modelleisenbahn unternehmen Sie im *Eisenbahnmuseum (Do 10–12, 14–17, Sa 14–17 Uhr | Arno-Förster-Str. 6 | www.eisenbahn-fleischer.de). www.seifhennersdorf.de | 14 km von Großschönau*

WALTERSDORF   [121 D6]

230 Umgebindehäuser stehen in dem Dorf unter Denkmalschutz, auch die stillgelegte Wassermühle von 1614, in der der Mahlraum sowie die Mühlenbrotbäckerei erhalten blieben. In dem heutigen *Volkskunde- und Mühlenmuseum* sind ferner Bauern- und Weberstube zu sehen *(Di–Sa 10–12, 13.30–16.30, Mai–Okt. sowie Ende Dez.–Feb. auch So 13.30–16.30 Uhr | Dorfstr. 89 | www.volkskunde-muehlenmuseum.de).* In dem an einem bewaldeten Hang gelegenen Familienhotel 🔊 *Hubertusbaude* werden den Kindern u. a. Bastelnachmittage, Disko, Lagerfeuer und Nachtwanderungen geboten *(18 Zi. | An der Lausche 4 | Tel. 035841/63 20 | Fax 63 22 20 | www.hubertusbaude.de | €€€).*

Von der ❄ *Lausche* (793 m), dem höchsten Berg der Oberlausitz, und von der *Sängerhöhe* (497 m) hat man einen herrlichen Ausblick. *www.erholungsort-waltersdorf.de | 2 km von Großschönau*

MARCO POLO HIGHLIGHTS

★ **Zittauer Schmalspurbahn**
Seit 1890 dampfen Schmalspurzüge zwischen Zittau, Kurort Oybin und Kurort Jonsdorf (Seite 84)

★ **Burg- und Klosteranlage Berg Oybin**
Naturgebundenes Kunstdenkmal mit Klosterkirchenruine und Camera obscura (Seite 85)

★ **Großes und Kleines Zittauer Fastentuch**
Geschichten aus der Bibel: Einzigartige Meisterwerke sakraler Textilkunst (Seite 88)

★ **Schlosshotel Althörnitz**
Traumhaft wohnen wie in einem Märchenschloss (Seite 89)

KURORT JONSDORF

[121 D6] Zu jeder Jahreszeit ein beliebter Ferienort (1800 Ew.). Wenn die Sonne brennt, bieten die Wälder Schatten, im Herbst sprießen die Pilze aus dem Boden, und im Winter wandert man angenehm zu Fuß oder auf Langlaufskiern durch die verschneite Landschaft. Das stille Jonsdorf, das 1934 den Titel Kurort bekam, besitzt mehrere Umgebindehäuser, eine 1731 errichtete Sandsteinkirche und einen Kurpark, der sein schönstes Gesicht während der Rhododendronblüte zeigt. Von der Straße Peters Hübel sind es nur 5 Min. zum *Hieronymusstein,* der einen spannenden Blick auf den Ort gestattet.

SEHENSWERTES

ZITTAUER SCHMALSPURBAHN ⭐
Seit 1890 dampfen Schmalspurzüge zwischen Zittau und den Kurorten Oybin und Jonsdorf hin und her. Auf dem Endbahnhof kann man die historischen Dampflokomotiven und Waggons inspizieren. Den Fahrplan brauchen Sie nicht – mit Bimmeln signalisieren die Oldtimerzüge ihre Ankunft. *www.soeg-zittau.de*

ESSEN & TRINKEN

DAMMSCHENKE
Rustikale, anheimelnde Atmosphäre bietet der älteste (1718) Gasthof von Jonsdorf. *Tgl. | Großschönauer Str. 65 | Tel. 035844/727 77 | €*

ÜBERNACHTEN

GASTHOF ZUR DAMMSCHENKE
Gemütlicher historischer Gasthof mit Wellness-Landschaft. Das **Bad im Holzzuber** ist ein Erlebnis! *18 Zi. | Großschönaer Str. 65 | Tel. 035844/ 72777 | Fax 72778 | www.damm schenke.de | €–€€*

Insider Tipp

GONDELFAHRT
Ausflugsgaststätte und Hotel mit Schwimmbad, Sauna und Bootsver-

Noch mächtig unter Dampf: die Zittauer Schmalspurbahn

leih. *35 Zi. | Großschönauer Str. 38 | Tel. 035844/73 60 | Fax 736 59 | www.hotel-gondelfahrt.de | €*

■ FREIZEIT & SPORT

Die ▶▶ *Jonsdorf Arena (Zittauer Str. 20)* bietet Tennis, Badminton, Volleyball und Inlineskaten, im Winter Eislaufen und Eishockey, ganzjährig Tischtennis und Klettern an der 15 m hohen Wand. Das solarbeheizte *Gebirgsbad* mit einer 35 m langen Wasserrutsche befindet sich in der *Hainstraße,* im *Kurpark* gibt es Freilandschach und Minigolf und im *Hotel Kurhaus* eine Bundeskegelbahn.

■ AM ABEND

Insider Tipp

Mai bis Juli Konzerte von Rock bis Klassik in der *Jonsdorf Arena* sowie ebenfalls im Sommer Theateraufführungen, Konzerte und Folkloreveranstaltungen in der 1200 Gästen Platz bietenden *Waldbühne.* Bei klarem Himmel lädt die Sternwarte von Mai bis Oktober zu Beobachtungen ein *(An der Sternwarte 2).*

■ AUSKUNFT

TOURIST-INFORMATION
Auf der Heide 11 | 02796 Kurort Jonsdorf | Tel. 035844/706 16 | Fax 700 64 | www.jonsdorf.de

KURORT OYBIN

[121 D6] Bekannt wurde Oybin (1100 Ew.) durch den gleichnamigen Berg, der in der Form einem Bienenkorb ähnelt. Nach 1577 verfielen Burg und Kirche auf dem Oybin, ihre dekorativen Ruinen auf dem Sandsteinfelsen zogen während der Romantik in der ersten Hälfte des 19. Jhs. zahlreiche Maler

an. Carl Gustav Carus malte den „Friedhof auf dem Oybin" und Caspar David Friedrich die „Kirchenruine Oybin". Bereits im wilhelminischen Deutschland war Oybin das touristische Zentrum des Zittauer Gebirges. Beschaulich zwischen Feldern, Wiesen und Wald liegt der Ortsteil Lückendorf. Von vielen Stellen bieten sich hier herrliche Blicke bis ins Riesengebirge.

■ SEHENSWERTES

BERGKIRCHE
Sie ist ein wahres Kleinod unter den Kirchen der Lausitz. „Hochzeitskirche" nennt der Volksmund das barocke Kirchlein aus dem 18. Jh., weil in ihm traditionell viele Hochzeiten stattfinden. Die Emporen und die Decke sind mit reichen Malereien versehen. *Mo–Sa 9.30–16, So 12–16, im Winter nur Sa/So | www.bergkirche-oybin.de*

BURG- UND KLOSTERANLAGE BERG OYBIN ⭐
Ein imponierendes naturgebundenes Kunstdenkmal, das aus Burg, Kaiserhaus und Klosterkirche besteht. Die Klosterkirchenruine wird wegen ihrer hervorragenden Akustik als Konzertstätte genutzt. Vom ☀ Turm bietet sich ein prachtvoller Blick. Das 1879 gegründete Bergmuseum informiert über die Geschichte der Burg und die des Klosters. Besuchen Sie unbedingt bei schönem Wetter die abseits stehende Camera obscura, die die nähere Umgebung in farbigen, sich bewegenden Bildern widerspiegelt *(Mai, Sept./Okt. Fr 13–18, Sa/So 10–18, Juni–Aug. tgl. 10–18 Uhr).*

☀ Der herrliche Rundblick vom Berg über Kurort Oybin bis zum Hochwald und dem Pferde- und Ameisenberg begeistert nicht nur Naturfreunde. *Nov.–März tgl. 10–16, April–Okt. tgl. 9–18 Uhr, vom Parkplatz im Ortszentrum 20 Min. Fußweg zum Berg; www.burgundkloster-oybin.de*

KERAMIK-SCHAUWERKSTATT

„Guckt ock amol rei" (Guck doch mal rein) lautet die Aufforderung in der regionalen Mundart, den Töpfern bei der Arbeit zuzuschauen – und eventuell auch etwas zu kaufen. *Di bis Fr 10–18, Sa/So 10–17 Uhr | Friedrich-Engels-Str. 20*

SCHMALSPURBAHNMUSEUM

Exponate zur Geschichte der Schmalspurstrecke Zittau–Oybin/ Jonsdorf sind im ehemaligen Güterboden des Bahnhofs zu besichtigen. *Mai–Okt. Di–Fr 13–16, Sa/So 10 bis 12, 13–16, Nov.–April Mi, Sa/So 13 bis 15 Uhr | Zugang über Weg zum Hausgrund*

■ ESSEN & TRINKEN

HOFFMANNS KAFFEESTUBE

Die Spezialität: am Wochenende frisch geräucherte Forellen aus der eigenen Räucherei. *Di/Mi geschl. | Zur Bürgerallee 7 (hinter dem Parkplatz beim Bahnhof) | Tel. 035844/ 703 54 |* €

KLEINE BURG

Eine ebenso ungewöhnliche wie attraktive Atmosphäre bietet das älteste, teilweise in den Fels gehaue Gebäude des Ortes. *Di geschl. | Hauptstr. 8 | Tel. 035844/704 40 |* €

■ ÜBERNACHTEN

LANDGUTHOTEL CAFÉ MEIER

Familiengeführtes Haus in zentraler Lage am Berg Oybin mit großzügigen Zimmern. Im *Wiener Café* lockt eine reiche Torten- und Kuchenauswahl. *30 Zi. | Hauptstr. 1 | Tel. 035844/7140 | Fax 71413 | www.hotelcafemeier.de |* €–€€

PARKHOTEL ZUR ALTEN RODELBAHN

Feines Ambiente und liebevoller Service bei günstigen Preisen. *12 Zi. | Straße der Jugend 4 | Tel. 035844/ 71 20 | Fax 712 19 | www.parkhotel-oybin.de |* €

■ AM ABEND

Die „Historischen Mönchszüge" stehen von Mitte Mai bis September auf dem Programm *(aktuelle Termine unter www.burgundkloster-oybin.de).* Stimmungsvolle „Abendmusik bei Kerzenschein" gibt es in der Bergkirche von Juni bis August *(Sa 19 Uhr).*

Inside Tipp

■ AUSKUNFT

TOURISTENINFORMATION

Hauptstr. 15 | 02797 Kurort Oybin | Tel. 035844/733 11 | Fax 733 23 | www.oybin.com

■ ZIELE IN DER UMGEBUNG

HOCHWALD ☀ [121 D–E6]

An der Grenze zu Tschechien liegt der 749 m hohe Hochwald. Vom 25 m hohen Aussichtsturm bietet sich bei guter Sicht ein phantastischer Blick. Oberlausitzer und böhmische Gerichte stehen vor allem in der Gaststätte *Hochwaldbaude* auf der Karte *(Tel. 035844/702 32 |* €*).* Von Mai bis Oktober fährt mehrmals am Tag das gummibereifte Bähnlein „Oybiner

Gebirgs-Express" vom Bahnhof Oybin zum Hochwald *(www.frank-nuhn-freizeit-und-tourismus.de)*.

TÖPFER [121 D6]

500 m² großes Plateau nordwestlich von Kurort Oybin. Auf dem Gipfel kann das Felsentor bestiegen werden. Wenn Sie auf dessen Aussichtsplattform stehen, befinden Sie sich exakt 580,40 m über dem Meeresspiegel. Nach dem Aufstieg können Sie sich in der *Töpferbaude* stärken *(Di, im Winter Mo–Mi geschl. | Tel. 035844/ 723 31 | €)*. Von April/Mai bis Oktober zuckelt *(tgl. außer Di)* das Bähnlein „Oybiner Gebirgs-Express" vom Bahnhof Oybin hoch zum Töpfer *(www.frank-nuhn-freizeit-und-touris mus.de)*.

ZITTAU

KARTE IN DER HINTEREN UMSCHLAGKLAPPE

[121 E5–6] Die Stadt (29 000 Ew.) ist Anziehungs- und Ausgangspunkt für Reisen in das Zittauer Gebirge. Anziehungspunkt deshalb, weil es eine Fülle kostbarer Bauten aus Gotik, Renaissance, Barock und Klassizismus gibt. Zittau war im 17. Jh. nach Leipzig die reichste Stadt in Sachsen. Alle architektonischen Sehenswürdigkeiten sind auf engem Raum konzentriert; um sie zu besichtigen, sollte man sich Zeit nehmen. Denn viele Details verdienen Beachtung: Erker, Giebel, Türstöcke und zahlreiche Brunnen, von denen der filigrane Grüne Born aus dem Jahr 1679 vor dem Stadtmuseum wohl der schönste ist. Nicht versäumen sollten Sie die größten Schätze Zittaus, das *Große Fastentuch* von 1472 und das

Mönche singen in der Ruine der Klosterkirche Berg Oybin

Kleine Fastentuch von 1573, die in der Kreuzkirche bzw. im Franziskanerkloster zu bewundern sind. Beide gelten als Höhepunkte sakraler Textilkunst.

SEHENSWERTES

JOHANNISKIRCHE

Bedeutender klassizistischer Sakralbau, der nach Plänen Karl Friedrich Schinkels entstand. Da das Bauwerk nur noch einige Male im Jahr kirchlich genutzt wird, entwickelte es sich zum Kulturzentrum mit interessanten Veranstaltungen. Vom Südturm haben Sie aus 60 m Höhe einen weiten Blick. Jeden Tag 5 Minuten vor 12 Uhr *(Mai–Okt. auch 17.55 Uhr)* bläst der Türmer, den sich Zittau als eine der wenigen Städte noch leistet, vom Wachturm seine Choräle. *www. johanniskirche- zittau.de*

Insider Tipp

KULTURHISTORISCHES MUSEUM FRANZISKANERKLOSTER

Neben einer stadtgeschichtlichen Ausstellung präsentiert das Museum in einem separaten Raum das ★ *Kleine Zittauer Fastentuch* von 1573. Es misst 4,30 x 3,40 m und zeigt eine monumentale Kreuzigungsszene. Es ist das einzige erhaltene Arma-Christi-Tuch in Deutschland. *April–Okt. tgl. 10–17, Nov. bis März Mo geschl. | Klosterstr. 3 | www.zittauer-fastentuecher.de*

MARKT

Den Entwurf für das Rathaus, das den Markt mit dem dahinter liegenden Rathausplatz verbindet, lieferte Karl Friedrich Schinkel, der sich an italienischen Renaissancepalazzi orientierte. Mittwochs um 15 Uhr findet eine Führung durch das Rathaus statt, Treffpunkt ist die Tourist-Information. Der Rolandsbrunnen, nach der Marsfigur auf der Renaissancesäule auch Marsbrunnen genannt, stammt aus dem Jahr 1585.

Insider Tipp

MUSEUM KIRCHE ZUM HEILIGEN KREUZ

Zu den wertvollsten Meisterwerken mittelalterlicher Sakralkunst in Deutschland gehört das ★ *Große Zittauer Fastentuch.* Das 8,20 mal 6,80 m große Tuch wurde 1472 gestiftet und ist das einzige seiner Art und Gestaltung, das in Deutschland von einst Hunderten erhalten blieb. In 90 Bildern erzählt es Geschichten aus der Bibel. Die seit 1972 nicht mehr kirchlich genutzte Kreuzkirche gehört zu den seltenen Einstützenkirchen: Ein einziger Pfeiler trägt das sternförmige Gewölbe. *April–Okt. tgl. 10–18 (Führungen 11, 13, 14, 15, 16 Uhr und mit Audioguide), Nov. bis März Di–So 10–17 Uhr (mit Audioguide) | Frauenstr. 23 | www.zittauer-fastentuecher.de*

ZITTAUER UNTERWELT

Die abenteuerliche Wanderung von reichlich einer Stunde führt durch die teilweise drei Stockwerke tiefen Keller und Gewölbe am Zittauer Markt. *Termine bei Tourist-Information erfragen*

■ ESSEN & TRINKEN ■

DORNSPACHHAUS – HISTORISCHES WIRTSHAUS

Besonders schön sitzt es sich an warmen Tagen im Innenhof mit seinem

Säulenumgang. *Tgl.* | *Bautzner Str. 2* | *Tel. 03583/79 58 83* | *www.dorns pachhaus.de* | €–€€

WIRTSHAUS ZUM ALTEN SACK
Regionale Gerichte in rustikalem Ambiente in der einstigen Salzkammer der Stadt. *Tgl.* | *Neustadt 47* | *Tel. 03583/54 04 59* | *www.zumaltensack. de* | €

ZUM SCHWABEN
Hier kommt vor allem Oberlausitzer Küche auf den Tisch. *So geschl.* | *Innere Weberstr. 11* | *Tel. 03583/ 51 04 46* | €

■ ÜBERNACHTEN ■
HOTEL DREILÄNDERECK
44 stilvoll eingerichtete Zimmer, im Stadtzentrum. *Bautzner Str. 9* | *Tel. 03583/555 00* | *Fax 55 52 22* | *www. hotel-dle.de* | €€

HAUS AM SEE
Außerhalb der Stadt wunderschön am Olbersdorfer See gelegen. *21 Zi.* | *Südstr. 14* | *02785 Olbersdorf* | *Tel. 03583/554 81 00* | *Fax 554 81 01* | *www.haus-am-see.com* | €

SCHLOSSHOTEL ALTHÖRNITZ ★
Ein Märchenschloss im Park mit 75 Gästezimmern, in denen keine Wünsche offen bleiben. *Zittauer Str. 9* | *Bertsdorf, OT Hörnitz (6 km von Zittau entfernt)* | *Tel. 08583/555 00* | *Fax 55 02 00* | *www.schlosshotel-althoernitz.de* | €€€

■ AM ABEND ■
Musik und Schauspiel an verschiedenen Spielstätten bietet das *Gerhart-Hauptmann-Theater (Theaterring 12* | *www.theater-zittau.de)*. Musik der 60er-, 70er- und 80er-Jahre, dazu Livemusik und Partys sind angesagt in der gut besuchten ▶▶ *Vinyl-Musik-kneipe (Brunnenstr. 5* | *www.vinyl-zittau.de)*.

Insider Tipp

Das Große Zittauer Fastentuch stammt aus dem 15. Jh.

■ AUSKUNFT ■
TOURIST-INFORMATION
Markt 1 (Rathaus) | *02763 Zittau* | *Tel. 03583/75 21 37* | *Fax 75 21 61* | *www.zittau.eu* | *www.zittauer-gebirge-tour.de*

> SORBISCHES ERBE, FELSEN UND BAUDEN

Den Spreewald erleben und wandern im Oberlausitzer Bergland

Die Touren sind auf dem hinteren Umschlag und im Reiseatlas grün markiert

1 IM NIEDERLAUSITZER SORBENLAND UNTERWEGS

Etwa 60 000 Sorben leben in der Lausitz, 20 000 davon in der zu Brandenburg gehörenden Niederlausitz. Im 10./11. Jh. hatten die Sorben ihre politische Unabhängigkeit verloren, erst in der DDR erfolgte ihre Anerkennung als nationale Minderheit. Die in Cottbus beginnende und endende Tagestour zu Stätten sorbischer Traditionen hat eine Länge von ca. 130 km.

Mehr als 60 Orte in der Niederlausitz gehören zum zweisprachigen Gebiet, einer davon ist **Cottbus** *(S. 47)*, das auf Sorbisch *Chosebuz* heißt. Sorbisch ist Amtssprache, deshalb sind alle Straßennamen zweisprachig angebracht. Die Tour beginnt in der Mühlenstraße, sorbisch *Mlynska droga*, in der sich das *Wendische Museum (Serbski muzej, S. 50)* befindet.

Sie verlassen Cottbus in nordwestlicher Richtung. **Heinersbrück** *(Most)*

Bild: Ausflugslokal in Lehde

AUSFLÜGE & TOUREN

ist das Ziel, wo im Haus Hauptstr. 2a eine sorbische Bauernstube eingerichtet wurde. Eine nette Geste ist es, beim Eintritt auf Niedersorbisch zu grüßen: *Witaj* (Hallo)!

Von Heinersbrück erreichen Sie über **Peitz** *(S. 51)* **Dissen** *(Desno)*. Die ehemalige Schule von 1899 neben der Dorfkirche nahm das *Heimatmuseum* auf, in dem die sorbische Bauernküche in Omas Zeiten versetzt. Ebenfalls lohnenswert: ein Blick in die <mark>Dorfkirche</mark> des 4 km entfernten **Briesen** *(Brjazyna)*. Die Ausmalung zeigt volkstümliche Szenen, darunter einen sorbischen Dudelsackspieler von 1486.

Zum traditionellen Siedlungsgebiet der Sorben gehört der Spreewald mit seinem ausgedehnten Fließgewässernetz. In **Burg** *(Borkowy, S. 31)* zog die Heimatstube in ein Haus am Spreehafen, das einen historisch nachgestalteten Hof mit Ziehbrunnen

Insider Tipp

bekam. Im 8 km entfernten Vetschau (Wetosow) stehen auf dem Kirchplatz zwei aneinander gebaute Kirchen, die wendische Landkirche und die deutsche Stadtkirche. Letztere wurde 1690–94 „wegen Vermehrung der deutschen Bürger und Einwohner" an die Nordseite des wendischen Gotteshauses angebaut, in dem bis Anfang des 20. Jhs. auf Sorbisch gepredigt wurde.

Das schönste Museum hält das Spreewalddorf Lehde (Ledy, S. 34) bereit, das Sie von Lübbenau (S. 38) auf einer einstündigen Kahnfahrt erreichen. Zu sehen sind hier die älteste erhaltene Kahnbauerei Lehdes von 1884 und drei komplette altwendische Bauernhöfe.

Auf der Autobahn geht es bis zur Anschlussstelle Cottbus-West und von dort zum Wendischen Haus (Serbski dom) in der Cottbuser August-Bebel-Str. 82. Hier bietet die Sorbische Kulturinformation „Lodka" Bücher, Musikkassetten, Videos und vieles andere an. Wer noch Zeit hat, lässt die Tour im Wendischen Café (Serbska kafejownja) geruhsam ausklingen.

2 WANDERUNG AUF DEM OBERLAUSITZER BERGWEG

Der von Neukirch im Westen bis nach Zittau führende Wanderweg erschließt die erlebnisreiche Landschaft des Oberlausitzer Berglandes und des Zittauer Gebirges. Er hat insgesamt eine Länge von 115 km und ist mit blauen Balken auf weißem Quadrat markiert. Den gesamten Bergweg legen nur die wenigsten zurück, fast immer werden ein oder zwei Teilstrecken ausgewählt.

Wir empfehlen im Folgenden drei der beliebtesten. Info: www.zittauer-gebirge-tour.de

VON NEUKIRCH NACH SOHLAND (SPREE) (24,5 KM)

[120 A–B 3–4] Der Wanderweg beginnt auf dem Valtenberg (587 m), den Sie von Neukirch auf einem mit grünen Balken markierten Weg nach ca. 2,5 km erreichen. Stärken kann man sich vor dem Start in der Gaststätte Valtenbergbaude. Der 22 m hohe Aussichtsturm (1856) wurde nach König Johann von Sachsen benannt, der 1865 auf den Valtenberg geritten kam.

Der Abstieg in östlicher Richtung führt an der Quelle der Wesenitz vorbei, die bei Pirna in die Elbe mündet. Der nahe Valentin-Erb-Stollen erinnert an die zahlreichen Goldgräber, die vom 14. bis 18. Jh. an vielen Stellen in der Oberlausitz nach Gold suchten – allerdings ohne Erfolg. Weiter geht es in Richtung Steinigtwolmsdorf und von dort über Wehrsdorf mit über 70 Umgebindehäusern und einer schlichten Barockkirche von 1725 zum Dreiherrenstein, der ein wenig abseits des Weges steht, direkt an der Grenze zu Tschechien. 1750 wurde der Stein als Grenzmarkierung gesetzt.

An der Staatsgrenze entlang wandern Sie in südlicher Richtung nach Neudorf, einem Ortsteil von Sohland. Wenig später bietet sich die Möglichkeit, nochmals auf die gerade durchwanderte Landschaft zu schauen: Bei der Prinz-Friedrich-August-Baude steht seit 1900 ein Aussichtsturm. Bergab erreicht man das Zentrum von Sohland.

VON NEUSALZA-SPREMBERG NACH EIBAU (19 KM)

[120–121 C–D4] Die Wanderung führt hoch zu den **Schmiedesteinen** (373 m), einer Felsengruppe aus Granit. ☆ Von mehreren Stellen aus reicht der Blick bis zum Zittauer Gebirge. Hinter dem **Raumbusch** genannten Wald empfiehlt sich ein kleiner Abstecher zur *Kottmarsdorfer Bockwindmühle*, die besichtigt werden kann. Die Wetterfahne zeigt das Erbauungsjahr 1843 und die Initialen „ABZ", die für den Bauherrn August Benjamin Zimmermann stehen.

Insider Tipp

☆ Der **Kottmar** (583 m) – „der Kupper" sagen die Einheimischen – bekam 1881 einen Aussichtsturm, wenige Monate später öffnete die *Kottmarbergbaude.* Am Hang des Kottmar sprudelt eine der drei Spreequellen, auch Buchborn genannt, weil sie in einem lichten Buchenhain liegt. Die Spree erreicht nach 351 km den Berliner Müggelsee.

Freunde der Volksarchitektur machen einen kleinen Umweg nach *Obercunnersdorf,* das mit seinen Umgebindehäusern aus dem 17.–19. Jh. begeistert. Rund 250 Exemplare hat das lang gestreckte Dorf zu bieten. An den *Kottmarhäusern* vorbei wandert man nach **Eibau** mit dem **Beckenberg** (409 m), auf dem sich das *Heimat- und Humboldt-Museum* sowie die *Beckenbergbaude* befinden.

Insider Tipp

VON EIBAU NACH GROSSSCHÖNAU (13 KM)

[121 D4–5] Von **Eibau**, einem alten Weberort mit Fabrikantenvillen und kleinen Umgebindehäusern, wandern Sie nach **Oderwitz** *(S. 79)*, das durch das Wetterstudio von Jörg Kachelmann bekannt wurde. Beim Bahnhof Oderwitz führt der Wanderweg über die B 96 zu den **Bleichteichen**, in denen einst Garn gebleicht wurde.

Weiter geht es nach **Neue Sorge**, einem Ortsteil von **Leutersdorf**. Vorbei an der **Emmabank** erreichen Sie den ☆ **Großen Stein** (471 m). Das Wahrzeichen von Spitzkunnersdorf wird salopp als „Goethekopf" bezeichnet, da ein kleiner niedriger Gipfel große Ähnlichkeit mit dem Profil des Dichterfürsten hat. Durch Wiesen geht es nach **Spitzkunnersdorf** und von dort zum **Weißen Stein**, einem etwa 6 m hoch aufragenden Felsen. Oberhalb von **Großschönau** *(S. 80)* erhebt sich der **Hutberg** (371 m), der Hausberg des Ortes.

Schmuckstück aus dem 19. Jh. – die Kottmarsdorfer Bockwindmühle

EIN TAG RUND UM COTTBUS

Action pur und einmalige Erlebnisse.
Gehen Sie auf Tour mit unserem Szene-Scout

START UP

10:00

Das *Mosquito* auf dem Cottbuser Altmarkt besticht mit seiner wunderbaren Sonnenterrasse in zentraler Lage. Wenn das Wetter nicht mitspielt, einfach in einer der gemütlichen Loungeecken im Caférestaurant Platz nehmen und mit einem klassischen Frühstück den Tag beginnen. **WO?** *Altmarkt 22 | Tel. 0355/28 89 04 44*

12:00

ABTAUCHEN

Türkisblaues Wasser, schwimmende Häuser und maritime Tauchabenteuer: Was nach Südseeurlaub klingt, findet man vor den Toren von Cottbus. In Laasow am Gräbendorfer See entsteht gerade eine Siedlung mit schwimmenden Häusern. Das erste beherbergt ein Tauch- und Freizeitcenter. Hier wartet ein einmaliges Abenteuer: Abtauchen in die Tiefen eines ehemaligen Tagebaus. Für Nichttaucher stehen Tretboote zum Verleih bereit. **WO?** *Tauch- und Freizeitcenter Laasow, Am IBA Steg 1, Laasow | Tel. 035436/568 60 | www.waldi-tauchen.de*

SORBISCHER LUNCH

14:30

Typisch für die sorbische Küche sind einfache, aber gesunde Gerichte wie zum Beispiel Pellkartoffeln mit Quark und Leinöl. Das Gasthaus *Wendischer Hof* ist berühmt für seine original sorbischen Spezialitäten und liegt auf dem Rückweg nach Cottbus in Dissen-Striesow. **WO?** *Hauptstr. 33 | Tel. 035606/426 60*

15:30

WIE IN VERGANGENEN ZEITEN

Jetzt geht es in einer gelb leuchtenden Postkutsche ganz gemütlich durch die Cottbuser Altstadt. Der Kutscher erzählt kleine Anekdoten zu den Highlights der Stadt. **WO?** *Reservierung: Bernd Poredda, Feldstr. 13, Cottbus | Tel. 0355/82 30 86 oder 0160/97 67 63 02 | www.cottbuserpostkutscher.de*

24 h

HANDWERKSKUNST

16:30

Evelin Rühtz-Müller ist die einzige Blaudruckmeisterin der Niederlausitz. Das alte Handwerk, bei dem Leinen und Baumwollstoffe mit Modeln bedruckt werden, kann man in ihrer Ladenwerkstatt bewundern. Gerne verrät sie die Geheimnisse dieser Tradition – und kaufen kann man natürlich auch etwas. **WO?** *Burgstr. 19, Cottbus | Tel. 0355/79 10 22*

19:00

KULTURTANKSTELLE

Eigentlich ist es egal, was gerade läuft: Das wunderschöne Kino *Weltspiegel* muss man einfach von innen gesehen haben. Es ist das älteste noch bespielte Lichtspieltheater in Deutschland, seit 1911 flimmern in dem späthistoristischen Bau Filme über die Leinwand. Heute bewegt sich das Programm angenehm abseits des Mainstreamkinos und überrascht mit Literatur- und Kabarettveranstaltungen. **WO?** *Rudolf-Breitscheid-Str. 78, Cottbus | Tel. 0355/494 94 97 | www.weltspiegel-cottbus.de*

ABENDESSEN IM FABRIKANTENKELLER

21:30

Die ehemalige Tuchfabrik auf der Mühleninsel beherbergt neben einer eigenen Pension ein kleines Restaurant mit Weinkeller. Das großbürgerliche Haus strahlt den Charme vergangener Tage aus. Die großen und kleinen Menüs mit Spezialitäten wie Wildsuppe und Pilzpastetchen sind ein wahrer Gaumenschmaus, die Weinkarte ist perfekt darauf abgestimmt. **WO?** *Fabrikantenkeller, Franz-Mehring-Str. 56, Cottbus | Tel. 0355/288 66 00*

23:00

BAR-HOPPING

Ab ins Cottbuser Nachtleben. Hotspot für Partypeople ist die Friedrich-Ebert-Straße. Am besten, man lässt sich dort durch die vielen Bars, Kneipen und Clubs treiben. Angesagte Locations sind u.a. das *Lehnertz* (Nr. 18), das *edelweiss* und die *manali-Bar* (beide in der Friedrich-Ebert-Passage). Wer es eher rockig mag, findet im *Comicaze* (ebenfalls Friedrich-Ebert-Passage) und im *Zelig* (Nr. 21) Gleichsinnte. **WO?** *Friedrich-Ebert-Straße, Cottbus*

> ANGELN, PADDELN, RADELN UND GOLFEN

Für die aktive Betätigung zu Lande und zu Wasser gibt es zahlreiche Angebote

> **Wasser hat die Lausitz eine Menge zu bieten: die Fließe im Spreewald und zahlreiche Seen. Für Angler und Wassersportler also eine ideale Gegend.**

Auf den Spreewaldfließen kann man herrlich paddeln, entlang der Seeufer sind Wanderwege entstanden, auf denen oftmals auch Inlineskater entlangsausen können. Und es gibt noch viel mehr: Sie können kegeln, Tennis spielen oder golfen und im Zittauer Gebirge klettern oder Ski fahren.

◼ ANGELN ◼

Die Lausitz ist mit ihren vielen Gewässern für Angler ein traumhaftes Revier; die Fischartenvielfalt ist groß. Im Biosphärenreservat Spreewald dürfen Sie an etwa 60 Prozent der Fließgewässer angeln. Beliebt als Angelrevier sind auch der Senftenberger See, in dem sogar die Maräne vorkommt, und der Knappensee. Der Stausee der Talsperre Quitzdorf, in dem vor allem Karpfen, Hecht und

Bild: Zittauer Gebirge, Aussichtspunkt bei Jonsdorf

SPORT & AKTIVITÄTEN

Zander beißen, ist auf Grund seiner Durchschnittstiefe von 1,80 m gut zu befischen. In den Weißig-Biehlaer-Fischteichen nördlich von Kamenz werden Karpfen, Schleie, Hecht und Zander gefangen. Das Speicherbecken Lohsa ist für seinen Aal- und Welsbestand bekannt. Mit insgesamt rund 1000 Fischteichen ist die Oberlausitz ein wahres Anglerparadies! Angeln ist jedoch nur mit einem gültigen Fischereischein und einer Angelberechtigung für das jeweilige Gewässer gestattet. Wo es die gibt, wissen die Tourist-Informationen.

■ GOLF & MINIGOLF ■

Auf der 9-Loch-Anlage in *Drieschnitz-Kahsel* bei Spremberg werden neben Schnupperkursen auch Golfkurse für Anfänger und Fortgeschrittene angeboten *(Lausitzer Golfclub e. V. | Tel. 035605/423 32 | www.lausitzer-golfclub.de)*. Harmonisch in die Landschaft fügt sich die 9-Loch-Anlage in *Rammenau*, die Driving Range ist zum Teil überdacht *(Tel. 03594/70 58 10 | www.rammenau.de).*

■ INLINESKATING ■

Rund 250 km Radwege sind im Spreewald asphaltiert und somit auch für Skater geeignet. In *Raddusch* z.B. finden sich im Bereich der Slawenburg hervorragend geeignete Flächen zum Skaten. Beim *Erlebnisbad Reichenbach* steht den Flitzern eine große Skaterbahn mit dreizehn verschiedenen Elementen zur Verfügung *(www.reichenbach-ol.com)*. Inlineskating ist auch möglich in der *Jonsdorf Arena* im *Kurort Jonsdorf* und auf der Skaterbahn an der Pestalozzi-Schule in *Oderwitz*.

■ KAHNFAHRTEN ■

Von mehr als 20 Kahnfährhäfen beginnen im Spreewald die Fahrten. Die Saison fängt meist im April an und endet im Oktober. Die Fahrten dauern 1,5–9 Stunden; abgefahren wird, wenn der Kahn besetzt ist. Individuelle Touren können mit den Kahnfährleuten vereinbart werden. Die Kähne fassen 6–35 Personen; bezahlt wird beim Fährmann. Für ihre Gäste vermitteln Hotels und Pensionen oft Kahnfahrten, viele von ihnen haben eigene Kahnfährhäfen.

■ KLETTERN ■

In der *Jonsdorf Arena* im *Kurort Jonsdorf* gibt es eine 14 m hohe und 12 m breite Kletterwand, an der unter Anleitung geübt werden kann, bevor es zu den Felsen des Zittauer Gebirges geht. Dort stehen den Sportkletterern über 80 Gipfel mit Kletterwe-

Insider Tipp

gen aller Schwierigkeitsgrade zur Verfügung. Auskunft: *Tourist-Infomation Kurort Jonsdorf | Tel. 035844/ 706 16 | www.jonsdorf-kurort.de*

■ RAD FAHREN ■

„Mit's Rad", wie es im Volksmund heißt, sind die Lausitzer von Kindesbeinen an unterwegs. Deshalb haben sie auch ein gutes Radwegenetz angelegt. In der Oberlausitz hat es insgesamt eine Länge von ca. 2400 km. Im Spreewald können Sie auf Fahrradwegen entlang der Fließe radeln, nur selten müssen Sie öffentliche Straßen benutzen. Manchmal müssen Sie das Rad jedoch schultern und über eine mit Stufen versehenen Spreewaldbrücken tragen.

Der *Gurkenradweg* führt 250 km durch den Spreewald, markiert ist er mit einer Fahrrad fahrenden Spreewaldgurke. Durch die Oberlausitzer Heide- und Teichlandschaft führt der ca. 260 km lange *Froschradweg*. Seinen Namen bekam er von dem Frosch, mit dem er beschildert wurde. Zu den beliebtesten Radwegen gehört der 370 km lange *Spree-Radfernwanderweg*, der mit der stilisierten Spreequelle und dem Brandenburger Tor markiert ist. Er beginnt an der Spreequelle am Kottmar bei Löbau und endet in Berlin. Der *Oder-Neiße-Radweg* führt entlang der beiden Grenzflüsse zu Polen. Auskunft: *www.radwandern-oberlausitz.de*.

Mieträder stehen fast in jedem Ferienort bereit, auch viele Hotels haben Drahtesel für ihre Gäste. Verschiedene Radwandertouren, z.B. „Entlang der Via Sacra" oder die „Große Lausitz Rundfahrt" mit Gepäcktransfer organisiert die *Touris-*

mus GmbH Land und Leute (Dr.-Wilhelm-Külz-Str. 1 | 02977 Hoyerswerda | Tel. 03571/408030 | www.lausitz-tourismus.de).

WANDERN

Die flache Lausitz bietet sich zum Wandern an, nur im Zittauer Gebirge wird mehr Kondition benötigt. Im Spreewald haben die markierten Wanderwege eine Länge von über 1100 km, sie führen meist entlang der Fließe. In der Oberlausitz besteht ein ca. 5000 km langes Wanderwegenetz. Wandern ohne Gepäck auf dem 115 km langen *Oberlausitzer Bergweg* organisiert die *Fremdenverkehrsgemeinschaft Zittauer Gebirge Spreequellland (Tel. 03583/22 00)*.

WASSERSPORT

Im Spreewald können Sie ca. 1000 km Fließe im Paddelboot erkunden. Vermieter sind in allen größeren Orten vorhanden. Gesurft und gesegelt wird auf dem *Senftenberger See*. Das Wassersport-Centrum Senftenberger See *(www.wassersport-renner.de)* bietet Kurse an und vermietet Boote. Weitere Dorados für Segel- und Surfliebhaber sind der Olbersdorfer See und die Talsperre Quitzdorf.

WINTERSPORT

Besonders Anfängern bietet das Zittauer Gebirge viele Möglichkeiten. Als relativ schneesicher gelten die Hochlagen von der Lausche bis zum Weberberg südwestlich von Waltersdorf. Der 19 km lange *Skiwanderweg Zittauer Gebirge*, markiert mit einem blauen Skiläufer, beginnt am Schwarzen Tor bei Waltersdorf und endet am Forsthaus Lückendorf: eine schöne Strecke für Langläufer. Eislaufen ist in der Jonsdorf Arena und auf Natureisbahnen, u.a. im Eisstadion Weißwasser, möglich.

Verschnaufpause vor einer Schleuse im Spreewald

> MIT DEM BOOT ZU DEN STÖRCHEN

Zahlreiche Attraktionen und spannende Unternehmungen lassen Kinderherzen höher schlagen

> **Die Lausitz ist für Kinder wie für Eltern ein ideales Urlaubsrevier. Kindern wird viel geboten, sodass keine Langeweile aufkommt. Für Stadtkinder sind Ferien auf einem Bauern- oder Reiterhof genau das Richtige.**

Hier können sie im Heu toben, gackernde Hühner füttern, Schafe und Ziegen streicheln und mit dem Pony durch den Wald oder zu einem der vielen Seen reiten *(www.landurlaub-brandenburg.de)*. Wer nicht reiten mag, schnallt sich Inliner unter oder schwingt sich aufs Fahrrad. Endlos sind die Wälder, zahlreich die Seen – sogar Wölfe fühlen sich neuerdings in dieser Landschaft wohl. Wem die Ausdauer fehlt, Tiere in der Natur zu beobachten, der geht in einen Tierpark, z.B. in den von Cottbus, Hoyerswerda oder Zittau oder besucht einen Erlebnispark wie den *Saurierpark Kleinwelka (S. 65)* oder den *Trixi-Park Zittauer Gebirge (S. 83)*.

Bild: Saurierpark Kleinwelka

MIT KINDERN REISEN

In der Niederlausitz wird es Familien bei der Quartiersuche besonders leicht gemacht: Hier sind familienfreundliche Hotels und Pensionen an einem entsprechenden Symbol sofort zu erkennen. Wer es trägt, verspricht seinen Gästen u.a. einen familienfreundlichen Wohn-, Schlaf- und Badbereich, eine kindgerechte Gastronomie sowie ein entsprechendes Umfeld. Das *Waldhotel Eiche (S. 33)* in Burg gehört z.B. dazu.

██ SPREEWALD ████████
PADDELBOOTFAHRT [111 D–F 4–6]

Die Kahnpartie führt in das Reich der Störche, Fischadler, Otter und Eisvögel. Hindernisse sind manchmal Schwäne, die partout nicht ausweichen wollen. Gefährlich ist eine Paddelbootfahrt nicht, denn Erwachsenen reicht das Wasser der Fließe selten bis über die Brust. Für Kinder ist die Schwimmweste aber Pflicht. Boote sind in jedem größeren Spreewaldort zum Ausleihen zu haben, viele Verleiher bieten einen Rückholservice. Die Fließe sind ausgeschildert, an den Schleusen stehen Hinweisschilder, wie sie zu bedienen sind. Auskunft: *Tourist-Informationen in Burg, Lübben, Lübbenau, Schlepzig | www.spreewald-online.de | Miete für ein Zweisitzer-Paddelboot ab 15 Euro für einen Tag*

WEISSSTORCH-INFORMATIONSZENTRUM [111 E6]

Im Spreewald nisten mehr Störche als in anderen Gegenden Deutschlands. Hier fühlt sich Meister Adebar sichtlich wohl, denn die ausgedehnten Feuchtwiesen bieten ihm besten Lebensraum. In Vetschau können Sie live am Familienleben der Weißstörche teilnehmen. Eine Videokamera, angebracht bei einem nahen Nest, macht's möglich. Sie überträgt die Bilder auf einen Bildschirm – „Big Brother" im Storchenreich. Von zu Hause ist der Blick in die Weißstorch-Kinderstube unter *www.storchennest.de* möglich. Das Informationszentrum vermittelt alles Wissenswerte über das Leben der Störche. *April–Sept. Di–So 10–17 Uhr | Eintritt 1, Kinder 0,50 Euro*

Insider Tipp

NIEDERLAUSITZ UND NEISSETAL

GOKARTBAHN LÖSCHEN [116 A2]

Wer möchte nicht gern mal Schumi spielen und richtig Gas geben? Fahrspaß für die ganze Familie bieten die kleinen Flitzer auf der 920 m langen Bahn, die zu den modernsten in Deutschland gehört. Die Karts sind mit Honda-Motoren ausgestattet, wahlweise mit 4 PS (für Kinder von 8–10 Jahren), 6,5, 9 oder 18 PS. *Freizeitpark Löschen | Auraser Straße | Tel. 035602/219 08 | www.freizeitpark loeschen.de | März–Okt. tgl. 10–22 Uhr | 10 Min. 7–10 Euro*

MUSEUMSHOF GROSSKOSCHEN [115 E4]

Wie ging es auf einem Bauernhof vor 100 Jahren zu? Mehr als 120 historische Geräte sind auf diesem für die Niederlausitz typischen Vierseitenhof zu sehen. Im Stall lümmeln Sattelschweine, die keinen Sattel tragen und auch nicht zum Reiten taugen. Ihren Namen verdanken die vom Aussterben bedrohten Haustiere ihrer Zeichnung. Donnerstags ist Backtag, die Brote aus dem Steinbackofen schmecken lecker. *Dorfplatz 13 | Tel. 03573/814 58 | www.museumshof-grosskoschen.de | Mai–Okt. tgl. 10 bis 18, Nov.–April Mo–Fr 10–15 Uhr | Eintritt 2, Kinder 1 Euro*

Insider Tipp

OBERLAUSITZ

KINDERSPIELPARK KALTWASSER [121 F1]

Unter Bäumen sind rund 40 Attraktionen für Kinder bis ca. 12 Jahre aufgebaut. Die „Großen" springen auf dem Trampolin oder probieren in Elektrofahrzeugen ihre Geschicklichkeit, während die „Kleinen" gern im Elektroboot auf dem Wasser zuckeln. *Neißeaue, OT Kaltwasser | Ostern–Okt. tgl. 10–18 Uhr | www. kinderspielpark-kaltwasser.de | Eintritt 2,50 Euro (Erw. und Kinder)*

PARKEISENBAHN GÖRLITZ [121 F2–3]

Die Lok ist ein fast maßstabsgerechter Nachbau der legendären „Adler", die 1835 als erste deutsche Eisenbahn von Nürnberg nach Fürth rumpelte. Auf dem 665 m langen Rundkurs zieht sie im Park am Weinberg sechs Wagen. Die Lok wird heute allerdings nicht mehr mit Kohle befeuert, sondern von einem 45 PS starken Dieselmotor angetrieben. Den Fahrbetrieb führen deutsche und polnische Schüler unter fachlicher Anleitung durch. *An der Landskronbrauerei | Mitte März–Okt. Sa 13.30–17, So 10–17, Juli/Aug. bis 18 Uhr | www. goerlitzerparkeisenbahn.de | Fahrpreis 2, Kinder 1,50 Euro*

ZITTAUER GEBIRGE

SCHMETTERLINGSHAUS
JONSDORF   [121 D6]

Inmitten von Palmen, Efeu und Bananenstauden flattern mehr als 400 Schmetterlinge. Beliebt bei Jung und Alt sind ein Pärchen quirliger Weißbüscheläffchen. Im Aquarium tummeln sich bunte Korallenfische und in einem Terrarium Schlangen und Reptilien. *Zittauer Str. 24 | www. schmetterlingshaus.info | Tgl. 10–18 Uhr | Eintritt 4,50, Kinder 3 Euro*

TIERPARK ZITTAU   [121 E5]

Die Damwildanlage ist begehbar, Damhirsche und Mufflons sind so aus der Nähe zu beobachten. Im Streichelgehege leben Esel, Schafe, Hühner, Enten und Minischweine. Auf dem Lehmspielplatz darf nach Herzenslust mit der Lehmpampe gemanscht werden (nehmen Sie auf diesen Ausflug Ersatzkleidung mit!) und auf dem Abenteuerspielplatz lädt ein Baumhaus zum Toben und Klettern ein. *Weinaupark 2 a | Tel. 03583/ 70 11 22 | www.tierpark-zittau.de | April–Okt. 9–18, Nov.–März 9–15.30 Uhr | Eintritt 4, Kinder 2 Euro*

Traditionspflege von Kindesbeinen an: Mädchen in sorbischer Tracht

ANREISE

AUTO

Westlich der Lausitz verläuft die A 13 Berlin–Dresden. Mitten durch die Niederlausitz, vorbei am Spreewald, führt die A 15 Berlin–Breslau (Wroclaw). Von Lübben erreicht man über die B 115 Cottbus in der Niederlausitz und Bad Muskau sowie Görlitz in der Oberlausitz. Aus dem Westen fährt man auf der an Bautzen und Görlitz nördlich vorbeiführenden A 4 in die Oberlausitz. *www.adac.de*

BAHN

Lausitz und Spreewald sind im Fernverkehr ausschließlich über Dresden, Leipzig oder Berlin zu erreichen. Von dort gibt es aber gute Regionalverbindungen. Der Lausitz-Express fährt von Leipzig über Dresden nach Bautzen, Löbau und Görlitz. Cottbus erreicht man von Leipzig, Magdeburg, Dresden und Berlin. Görlitz und Zittau sind mit der mehrmals am Tag verkehrenden Neißetalbahn verbunden; nach Kamenz fährt von Dresden im Stundentakt die RB. Die schnellste Verbindung von Berlin in den Spreewald: mit dem RE von verschiedenen Stadtbahnhöfen nach Lübbenau oder mit der S-Bahn bis zur Endhaltestelle Königs Wusterhausen und von dort mit dem im Stundentakt verkehrenden RE in 35 Min. nach Lübbenau. *www.bahn.de*

PRAKTISCHE HINWEISE

Ins Zittauer Gebirge fährt eine dampflokbetriebene Schmalspurbahn. Die in Zittau beginnende Strecke gabelt sich in Bertsdorf nach Kurort Jonsdorf und Kurort Oybin *(www.soeg-zittau.de)*. Cottbus, Spremberg, Weißwasser, Görlitz und Zittau sind mit der im Stundentakt verkehrenden Lausitzbahn verbunden *(www.lausitzbahn.de)*.

FLUGZEUG

Die nächstgelegenen Flughäfen für den Spreewald und die Niederlausitz sind jene in Berlin *(www.berlin-air port.de)*. Wer in die Oberlausitz und das Zittauer Gebirge reisen möchte, fliegt am besten bis Dresden. Der Flughafen befindet sich etwa 9 km vom Stadtzentrum entfernt *(www.dresden-airport.de)*.

AUSKUNFT

Die Tourist-Informationen der einzelnen Städte und auch vieler kleinerer Gemeinden verschicken auf Anfrage kostenloses Informationsmaterial. Meist liegen jedoch eine Zahlkarte und ein Schreiben mit der freundlich ausgesprochenen Bitte bei, mit 2–4 Euro einen kleinen, freiwilligen Unkostenbeitrag zu leisten.

TOURISMUSVERBAND NIEDERLAUSITZ E. V.

Schlossbezirk 3 | 03130 Spremberg | Tel. 03563/60 23 40 | Fax 60 23 42 | www.niederlausitz.de

TOURISMUSVERBAND SPREEWALD E. V.

Lindenstr. 1 | 03226 Raddusch | Tel. 035433/722 99 | Fax 72 22 28 | www. spreewald.de

WAS KOSTET WIE VIEL?

KAFFEE	**2,50 EURO** für ein Kännchen im Café
BIER	**1,60 EURO** für 0,3 l vom Fass in der Kneipe
PADDELBOOT	**AB 16 EURO** Miete pro Tag
KURTAXE	**1,50 EURO** pro Tag/Person (in der Hauptsaison)
FAHRRAD	**AB 9 EURO** Mountainbike pro Tag
KAHNFAHRT	**7 EURO** 2-Stunden-Tour im Spreewald

MARKETING-GESELLSCHAFT OBERLAUSITZ-NIEDERSCHLESIEN MBH

Tzschirnerstr. 14 a | 02625 Bautzen | Tel. 03591/487 70 | Fax 48 77 48 | www.oberlausitz.com

ZITTAUER GEBIRGE TOURISMUS

Markt 1 A | 02763 Zittau | Tel. 03583/ 75 22 00 | Fax 75 21 61 | www.zittau er-gebirge-tour.de

GELD & PREISE

Die Lausitz gehört noch zu den preiswerteren Regionen in Deutschland – sowohl bei den Übernachtungen als auch beim Restaurantbesuch. Nach günstigen Angeboten sollten Sie immer fragen, beispielsweise auch bei Museen nach Familienkarten. Regulär müssen Sie bei staatlichen bzw. städtischen Museen mit Eintrittspreisen um die 4 Euro pro Person rechnen. Gängige Kreditkarten werden in den meisten Hotels und Restaurants akzeptiert; in den bedeutenderen Ferienorten gibt es natürlich auch Bankautomaten.

INTERNET

Neben den unter Auskunft genannten Internetadressen gibt es noch zahlreiche andere, die über die Regionen informieren.
Über den Tourismus im Land Brandenburg: *www.brandenburg-tourismus.de*
Über den Tourismus im Land Sachsen: *www.sachsen-tour.de*

Über die Lausitz: *www.lausitz.de*
Über die Lausitzer Seenlandschaft: *www.lausitzerseenland.de*
Über Freizeitmöglichkeiten in der Oberlausitz: *www.freizeitknüller.de*
Über das Oberlausitzer Bergland: *www.oberlausitzer-bergland.de*
Über die Sorben und ihre Kultur: *www.sorben.com*
Über den Spreewald mit all seinen Facetten: *www.spreewald-online.de* | *www.spreewald-info.com* | *www.spreewald-web.de* | *www.spreewald-travel.de* | *www.spreewaldportal.de*
Über das aktuelle Wetter im Spreewald: *www.spreewaldwetter.de*
W-LAN ist in der Lausitz und im Spreewald noch nicht flächendeckend verbreitet.

INTERNETCAFÉS

– *Görlitz: i-Point Internetcafé | Schulstr. 7 | Tel. 03581/64 98 92*
– *Hoyerswerda: Surf Inn Internetcafé | Semmelweissstr. 26c | Tel. 03571/406 199 | www.surfinn-hoy.de*
– *Kamenz: Cybersafe | Pulsnitzer Str.*

WETTER IN COTTBUS

Jan.	Feb.	März	April	Mai	Juni	Juli	Aug.	Sept.	Okt.	Nov.	Dez.
2	3	8	14	19	23	24	24	20	14	8	4
Tagestemperaturen in ºC											
-3	-3	0	3	8	12	13	13	10	6	2	-1
Nachttemperaturen in ºC											
2	3	4	5	7	8	7	7	6	4	2	1
Sonnenschein Std./Tag											
8	8	7	9	9	10	10	9	7	8	9	10
Niederschlag Tage/Monat											

11 | Tel. 03578/31 10 77 | *www.cyber safe.de*
– *Lübben: Internetcafé* | *Am Markt 1* | *Tel. 03546/22 58 37* | *www.compu terzentrum-luebben.de*

■ ÖFFNUNGSZEITEN

Wer bei den Gaststätten sichergehen möchte, ob geöffnet ist, sollte sich vorher telefonisch erkundigen. Sind keine Gäste mehr da, wird oft – in den Ferienorten in den unfreundlichen und gästearmen Jahreszeiten – früher als angegeben geschlossen. Viele kleinere Gaststätten haben einen Ruhetag, im Winterhalbjahr oftmals sogar zwei; im Spreewald haben etliche nur von Frühjahr bis Herbst geöffnet. In der sächsischen Oberlausitz dürfen die Geschäfte werktags 6–22 Uhr öffnen, in der zu Brandenburg gehörenden Niederlausitz und dem Spreewald Mo–Fr sogar rund um die Uhr, Sa bis 20 Uhr. Gebrauch davon machen nur wenige. Die Geschäfte in den Kleinstädten und Dörfern haben sogar meist eine ein- bis zweistündige Mittagspause. Die Museen sind in der Regel am Montag geschlossen, im Winterhalbjahr haben einige gar nicht geöffnet. In den Städten haben die Kirchen im Sommer meist stundenweise geöffnet. Auf dem Lande ist man im Pfarramt fast immer bereit, die Kirchentür für Besucher aufzuschließen.

■ PANNENHILFE

Pannennotruf des ADAC rund um die Uhr *Tel. 01802/22 22 22*

■ TELEFON & HANDY

In der Lausitz besteht, wie in fast allen ostdeutschen Regionen, eins der modernsten Telefonnetze in Deutschland. In den öffentlichen Telefonzellen gibt es meist Kartentelefone, fast alle Hotelzimmer sind mit Telefon ausgestattet. Handybesitzer beklagen

Sorbenland: zweisprachiges Ortsschild

jedoch vor allem in den Gegenden von Braunkohletagebauen und im Zittauer Gebirge kleine Funklöcher.

■ ÜBER DIE GRENZE

Die Lausitz grenzt im Osten an Polen, im Süden an Tschechien. Ein Ausflug in eines dieser Nachbarländer steht bei vielen Lausitz-Besuchern im Programm. Auch wenn seit dem Inkrafttreten des Schengen-Abkommens die Grenzen keine Grenzen mehr sind, sollten Sie den Personalausweis nicht vergessen. Im Süden der Oberlausitz führen mehrere Wanderwege über die Grenze nach Tschechien. Zur *Via Sacra* gehören neben sakralen Bauwerken und Kunstschätzen in der Oberlausitz auch Kirchen und Klöster in Niederschlesien und Nordböhmen, womit die *Via Sacra* nunmehr einen neuen Kulturraum erschließt.

Kaisertrutz und Blumenuhr in Görlitz

> UNTERWEGS IN DER LAUSITZ

Die Seiteneinteilung für den Reiseatlas finden Sie auf
dem hinteren Umschlag dieses Reiseführers

REISE
ATLAS

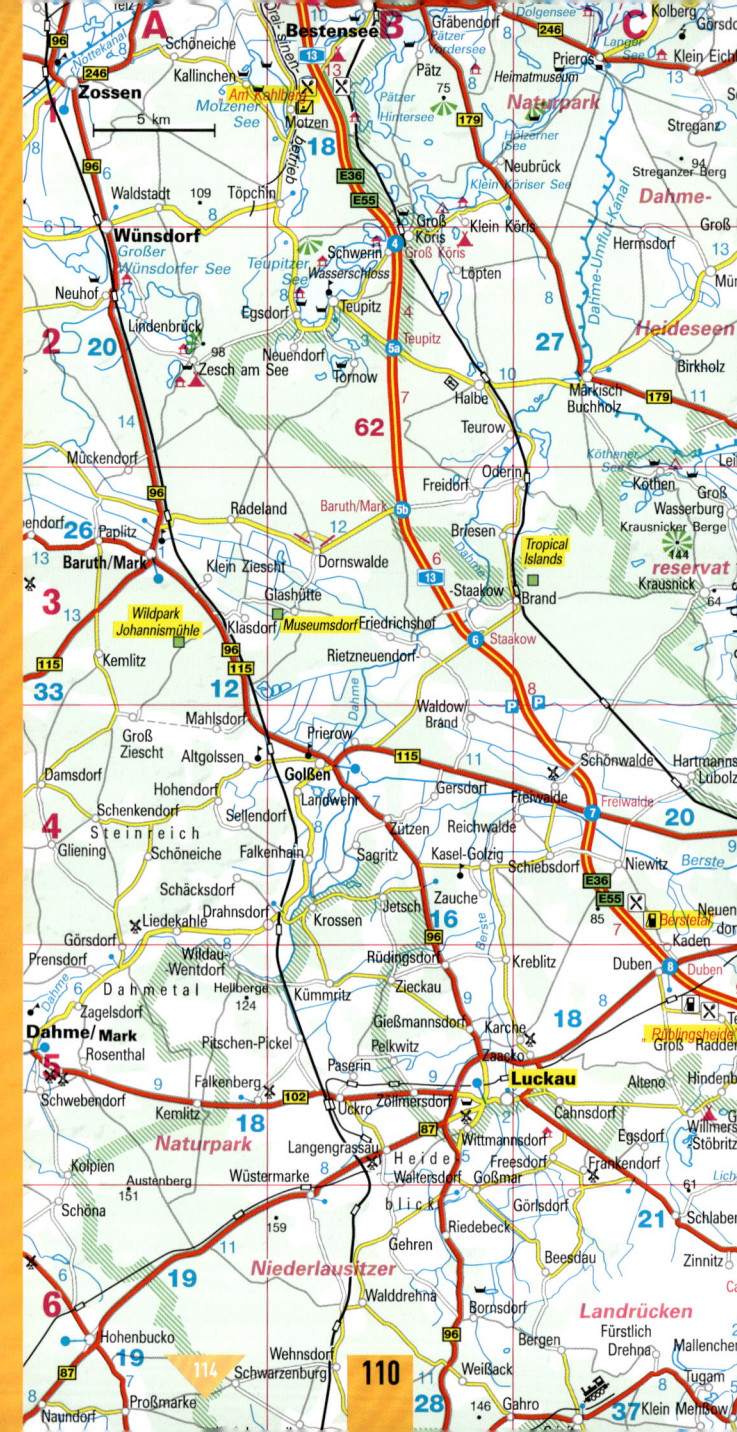

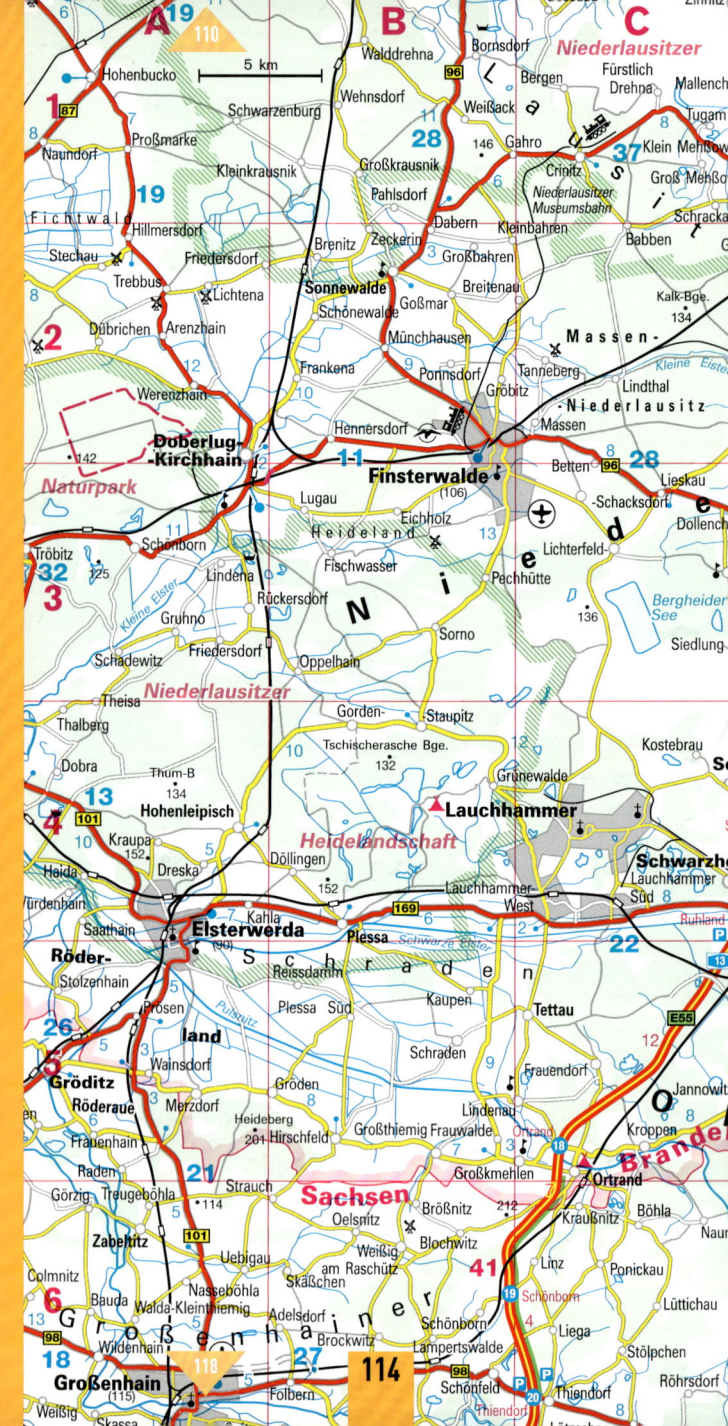

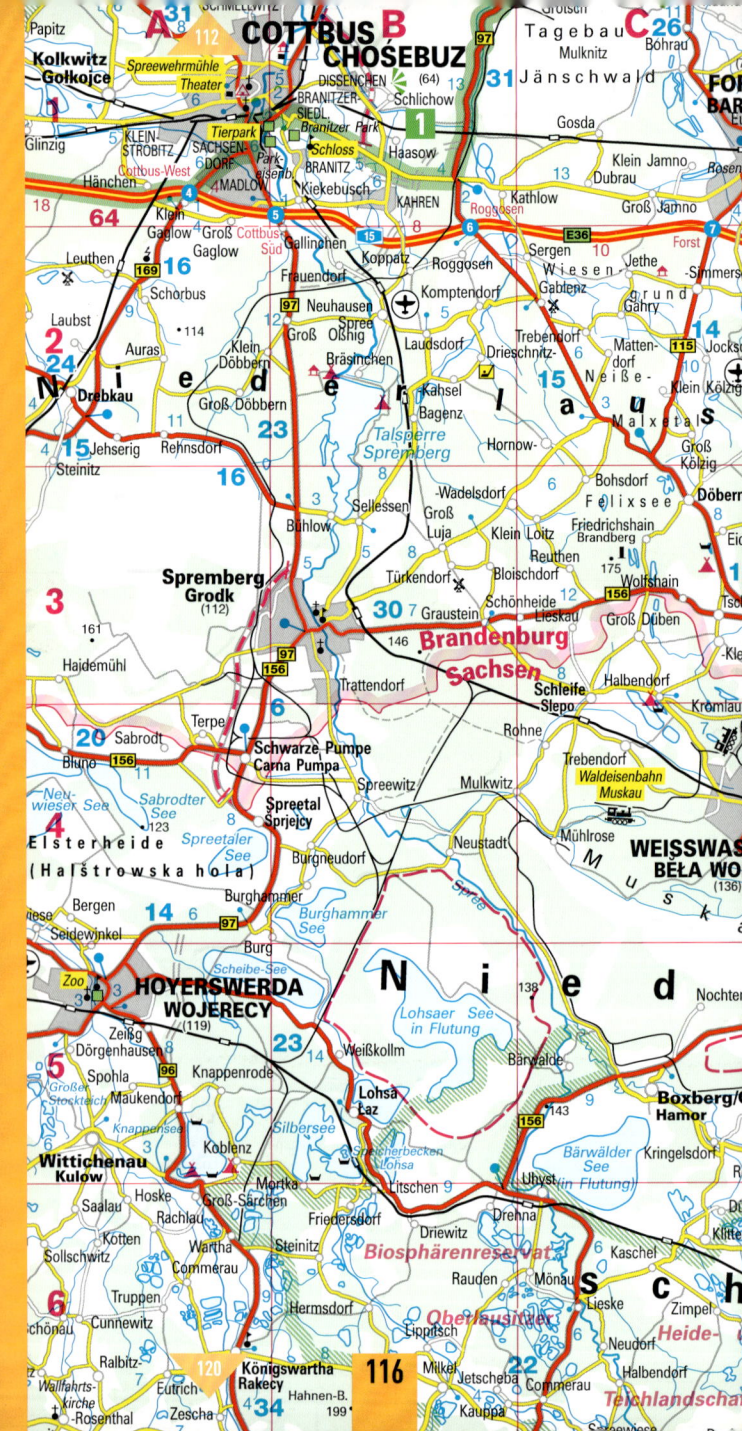

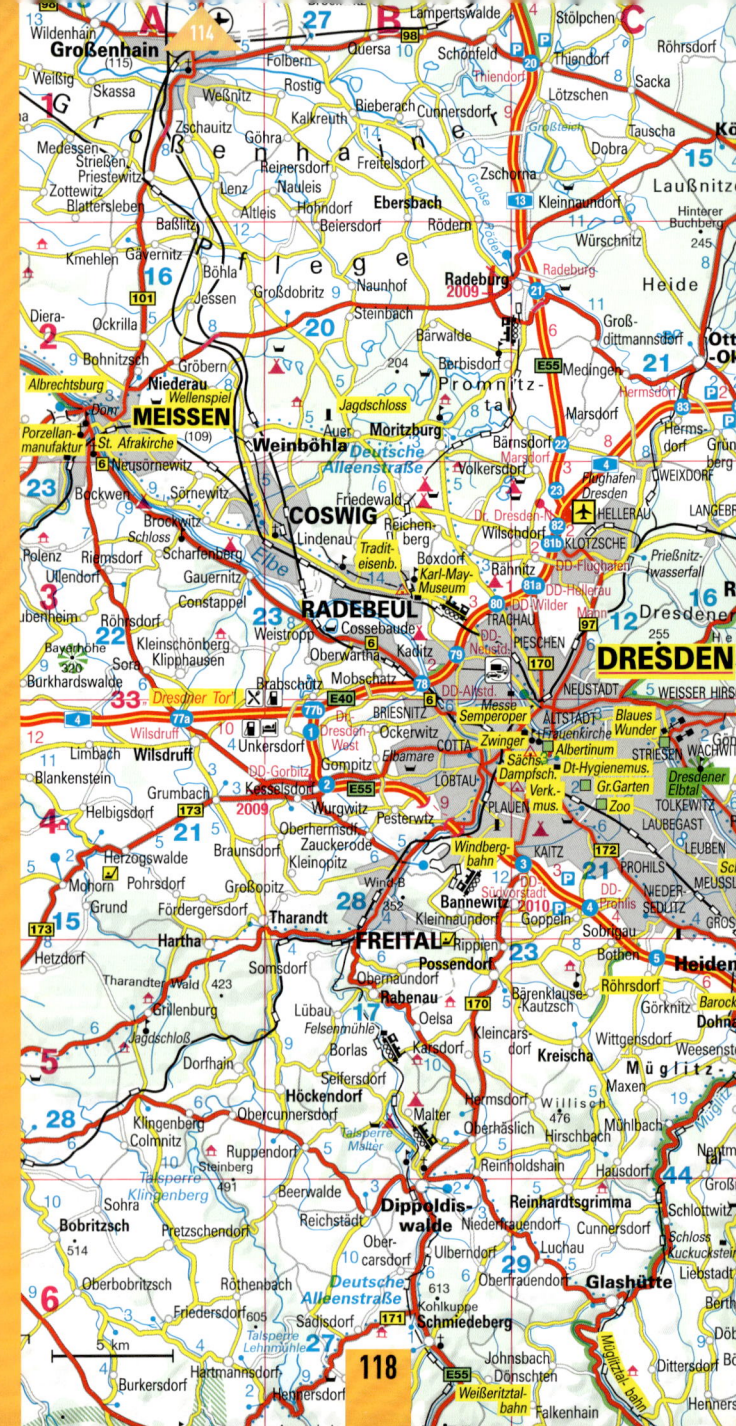

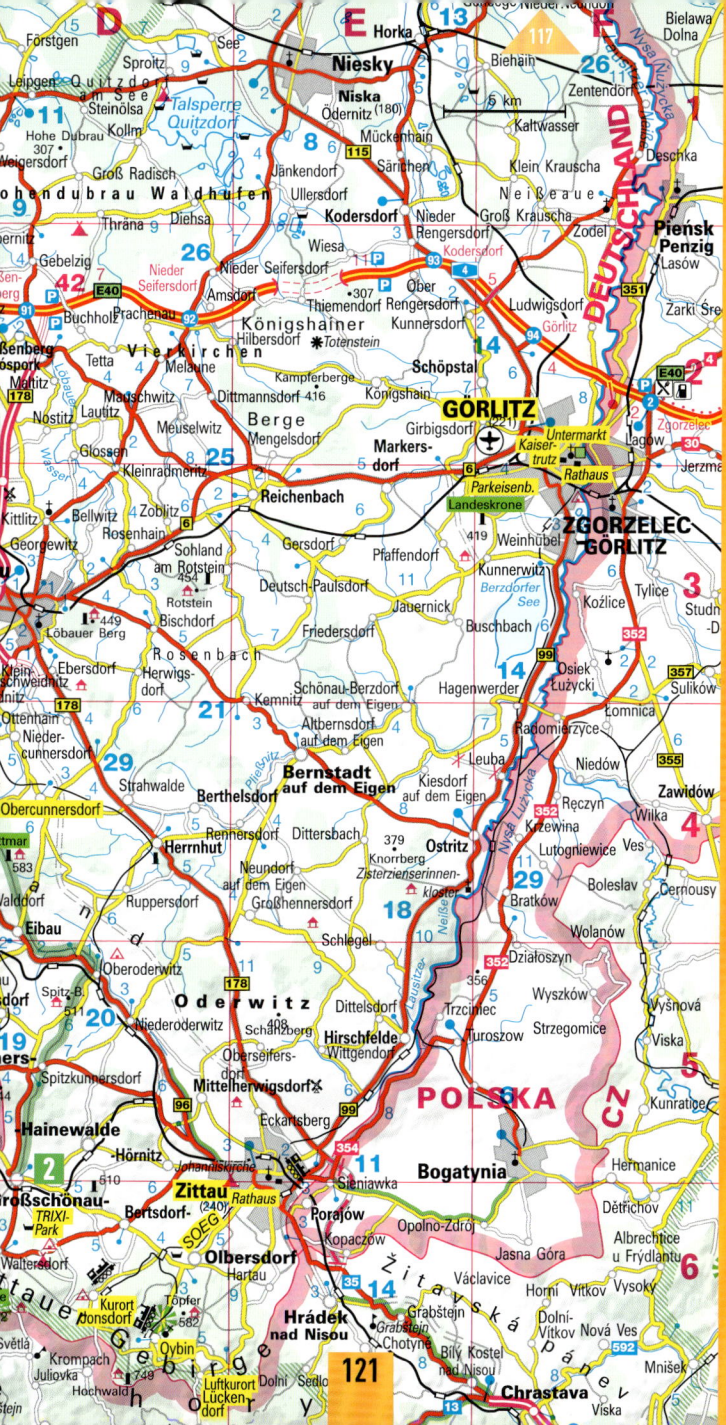

Autobahn mit Anschlussstelle und Anschlussnummer	Viernheim · Idstein · 45	Motorway with junction and junction number
Autobahn in Bau mit voraussichtlichem Fertigstellungsdatum	Datum · Date	Motorway under construction with expected date of opening
Rasthaus mit Übernachtung · Raststätte	Kassel · X	Hotel, motel · Restaurant
Kiosk · Tankstelle		Snackbar · Filling-station
Autohof · Parkplatz mit WC	P	Truckstop · Parking place with WC
Autobahn-Gebührenstelle		Toll station
Autobahnähnliche Schnellstraße		Dual carriageway with motorway characteristics
Fernverkehrsstraße		Trunk road
Verbindungsstraße		Main road
Nebenstraßen		Secondary roads
Fahrweg · Fußweg		Carriageway · Footpath
Gebührenpflichtige Straße		Toll road
Straße für Kraftfahrzeuge gesperrt		Road closed for motor vehicles
Straße für Wohnanhänger gesperrt		Road closed for caravans
Straße für Wohnanhänger nicht empfehlenswert		Road not recommended for caravans
Autofähre · Autozug-Terminal		Car ferry · Autorail station
Hauptbahn · Bahnhof · Tunnel		Main line railway · Station · Tunnel
Besonders sehenswertes kulturelles Objekt	Neuschwanstein	Cultural site of particular interest
Besonders sehenswertes landschaftliches Objekt	Breitachklamm	Landscape of particular interest
Ausflüge & Touren		Excursions & Tours
Landschaftlich schöne Strecke		Route with beautiful scenery
Touristenstraße	Hanse-Route	Tourist route
Museumseisenbahn		Tourist train
Kirche, Kapelle · Kirchenruine		Church, chapel · Church ruin
Kloster · Klosterruine		Monastery · Monastery ruin
Schloss, Burg · Burgruine		Palace, castle · Castle ruin
Turm · Funk-, Fernsehturm		Tower · Radio or TV tower
Leuchtturm · Windmühle		Lighthouse · Windmill
Denkmal · Soldatenfriedhof		Monument · Military cemetery
Ruine, frühgeschichtliche Stätte · Höhle		Archaeological excavation, ruins · Cave
Hotel, Gasthaus, Berghütte · Heilbad		Hotel, inn, refuge · Spa
Campingplatz · Jugendherberge		Camping site · Youth hostel
Schwimmbad, Erlebnisbad, Strandbad · Golfplatz		Swimming pool, leisure pool, beach · Golf-course
Botanischer Garten, sehenswerter Park · Zoologischer Garten		Botanical gardens, interesting park · Zoological garden
Bedeutendes Bauwerk · Bedeutendes Areal		Important building · Important area
Verkehrsflughafen · Regionalflughafen		Airport · Regional airport
Flugplatz · Segelflugplatz		Airfield · Gliding site
Boots- und Jachthafen		Marina

FÜR IHRE NÄCHSTE REISE

gibt es folgende MARCO POLO Titel:

DEUTSCHLAND
Allgäu
Amrum/Föhr
Bayerischer Wald
Berlin
Bodensee
Chiemgau/Berchtes-
gadener Land
Dresden/Sächsische
Schweiz
Düsseldorf
Eifel
Erzgebirge/Vogtland
Franken
Frankfurt
Hamburg
Harz
Heidelberg
Köln
Lausitz/Spreewald/
Zittauer Gebirge
Leipzig
Lüneburger Heide/
Wendland
Mark Brandenburg
Mecklenburgische
Seenplatte
Mosel
München
Nordseeküste
Schleswig-
Holstein
Oberbayern
Ostfriesische Inseln
Ostfriesland/
Nordseeküste
Niedersachsen/
Helgoland
Ostseeküste
Mecklenburg-
Vorpommern
Ostseeküste
Schleswig-
Holstein
Pfalz
Potsdam
Rheingau/
Wiesbaden
Rügen/Hiddensee/
Stralsund
Ruhrgebiet
Schwäbische Alb
Schwarzwald
Stuttgart
Sylt
Thüringen
Usedom
Weimar

ÖSTERREICH |
SCHWEIZ
Berner Oberland/
Bern
Kärnten
Österreich
Salzburger Land

Schweiz
Tessin
Tirol
Wien
Zürich

FRANKREICH
Bretagne
Burgund
Côte d'Azur/Monaco
Elsass
Frankreich
Französische
Atlantikküste
Korsika
Languedoc-Roussillon
Loire-Tal
Nizza/Antibes/Cannes/
Monaco
Normandie
Paris
Provence

ITALIEN | MALTA
Apulien
Capri
Dolomiten
Elba/Toskanischer
Archipel
Emilia-Romagna
Florenz
Gardasee
Golf von Neapel
Ischia
Italien
Italienische Adria
Italien Nord
Italien Süd
Kalabrien
Ligurien/
Cinque Terre
Mailand/Lombardei
Malta/Gozo
Oberital. Seen
Piemont/Turin
Rom
Sardinien
Sizilien/
Liparische Inseln
Südtirol
Toskana
Umbrien
Venedig
Venetien/Friaul

SPANIEN |
PORTUGAL
Algarve
Andalusien
Barcelona
Baskenland/Bilbao
Costa Blanca
Costa Brava
Costa del Sol/Granada
Fuerteventura
Gran Canaria

Ibiza/Formentera
Jakobsweg/Spanien
La Gomera/El Hierro
Lanzarote
La Palma
Lissabon
Madeira
Madrid
Mallorca
Menorca
Portugal
Sevilla
Spanien
Teneriffa

NORDEUROPA
Bornholm
Dänemark
Finnland
Island
Kopenhagen
Norwegen
Schweden
Stockholm
Südschweden

WESTEUROPA |
BENELUX
Amsterdam
Brüssel
Dublin
England
Flandern
Irland
Kanalinseln
London
Luxemburg
Niederlande
Niederländische
Küste
Schottland
Südengland

OSTEUROPA
Baltikum
Budapest
Estland
Kaliningrader Gebiet
Lettland
Litauen/Kurische
Nehrung
Masurische Seen
Moskau
Plattensee
Polen
Polnische Ostsee-
küste/Danzig
Prag
Riesengebirge
Russland
Slowakei
St. Petersburg
Tallinn
Tschechien
Ungarn
Warschau

SÜDOSTEUROPA
Bulgarien
Bulgarische
Schwarzmeerküste
Kroatische Küste/
Dalmatien
Kroatische Küste/
Istrien/Kvarner
Montenegro
Rumänien
Slowenien

GRIECHENLAND |
TÜRKEI | ZYPERN
Athen
Chalkidiki
Griechenland
Festland
Griechische
Inseln/Ägäis
Istanbul
Korfu
Kos
Kreta
Peloponnes
Rhodos
Samos
Santorin
Türkei
Türkische Südküste
Türkische Westküste
Zakinthos
Zypern

NORDAMERIKA
Alaska
Chicago und
die Großen Seen
Florida
Hawaii
Kalifornien
Kanada
Kanada Ost
Kanada West
Las Vegas
Los Angeles
New York
San Francisco
USA
USA Neuengland/
Long Island
USA Ost
USA Südstaaten/
New Orleans
USA Südwest
USA West
Washington D.C.

MITTEL- UND
SÜDAMERIKA
Argentinien
Brasilien
Chile
Costa Rica
Dominikanische
Republik

Jamaika
Karibik/
Große Antillen
Karibik/
Kleine Antillen
Kuba
Mexiko
Peru/Bolivien
Venezuela
Yucatán

AFRIKA |
VORDERER
ORIENT
Ägypten
Djerba/
Südtunesien
Dubai/Vereinigte
Arabische Emirate
Israel
Jerusalem
Jordanien
Kapstadt/
Wine Lands/
Garden Route
Kapverdische Inseln
Kenia
Marokko
Namibia
Qatar/Bahrain/Kuwait
Rotes Meer/Sinai
Südafrika
Tunesien

ASIEN
Bali/Lombok
Bangkok
China
Hongkong/Macau
Indien
Indien/Der Süden
Japan
Ko Samui/
Ko Phangan
Malaysia
Nepal
Peking
Philippinen
Phuket
Rajasthan
Shanghai
Singapur
Sri Lanka
Thailand
Tokio
Vietnam

INDISCHER
OZEAN |
PAZIFIK
Australien
Malediven
Mauritius
Neuseeland
Seychellen
Südsee

REGISTER

In diesem Register sind alle in diesem Reiseführer erwähnten Orte und Ausflugsziele sowie die wichtigsten Namen und Stichworte verzeichnet. Halbfette Seitenzahlen verweisen auf den Haupteintrag, kursive auf ein Foto.

Alt-Zauche 38
August der Starke 20
Bad Muskau 19, 27, **59ff**
Bärwalder See 47
Bautzen 10, 13, 15, 21, 22, 28, 58, 62, **63ff**
Berzdorfer See 15
Besucherbergwerk F60 14, **54**
Biosphärenreservat Oberlausitzer Heide- und Teichlandschaft 16
Bischofswerda 14, **75**
Blaudruck 29, 95
Bohsdorf 57
Brand 44
Branitz/Branitzer Park *8/9,* 10, 19, 48, **49**
Braunkohle (-tagebau) 9, 13f, 17f, 46
Briesen 91
Burg 9, 13, 29, 30, **31ff**, 42, 91, 101
Calau 41
Cottbus 14f, 21, 23, 28, **47ff**, 90, 92, 94f, 100
Crostwitz 22
Cunewalde 78
Dissen 91
Dittelsdorf 21
Dreiherrenstein 92
Dreiweibener See 47
Drieschnitz-Kahsel 97
Eibau 93
Ellersdorf
Elstra 29
Emmabank 93
Euro-Speedway Lausitz 12, 18, **55**
Fontane, Theodor 34, 36
Forst *11,* 51
Geierswalder See 47
Glashütte 38
Görlitz 10, 23, 28, 58, 62, **67ff**, 102f, *108/109*
Gräbendorfer See 94
Greifenhain 14
Großer Stein 93
Großhennersdorf 15
Großkoschen 15, 55, 102
Großschönau 21, **80ff**, 93
Guben 14, **52**, 56
Heinersbrück 90f
Herrnhut 29, **78f**
Hochwald 86

Höllberghof 38
Hoyerswerda 16, 20f, 58, **71ff**, 100
Hutberg 73f, 93
Internationale Bauausstellung (IBA) 14, 56
Jonsdorf, Kurort **84f**, 88, 98f, 103
Kaltwasser, Kinderspielpark 102
Kamenz 10, 58, **73ff**, 97
Kleinwelka 65f
Knappenrode, Lausitzer Bergbaumuseum 73
Knappensee 9, **72**, 96
Koblenz 73
Königswartha 24
Kottmar 93, 98
Kottmarsdorfer Bockwindmühle 93
Krabat 20, 40
Kulturinsel Einsiedel 23, **70f**
Laasow 94
Langengrassau 38
Lausche 83, 99
Lausitzer Findlingspark Nochten 62
Lausitzer Seenkette 8ff, 56
Lehde **34f,** *90/91,* 92
Leipe 35, **36**
Leutersdorf 93
Lichterfeld 14, 54
Löbau 10, 20, **77ff**, 98
Löschen, Gokartbahn 102
Lohsa, Speicherbecken 97
Lübben 9, 18, 20, 23, 30, **36ff**
Lübbenau 9, 18, 20, 30, 35, **38ff**, 42, 92
Lückendorf 99
Muskauer Heide 18
Muskauer Park 10, 19, 59, **60f**
Naturpark Niederlausitzer Landrücken 38
Nebelschütz 22
Neudorf 92
Neue Sorge 93
Neukirch 13, 92
Neusalza-Spremberg 93
Neuwieser See 47
Neuzelle, Klosterkirche St. Marien 52
Niemtsch 53, 55
Nochten 18, 62

Obercunnersdorf 21, 93
Oderwitz **79**, 93, 98
Olbersdorfer See 9, 99
Ostra 22
Oybin, Berg 85
Oybin, Kurort 85ff
Panschwitz-Kuckau 22
Partwitzer See 15
Peitz 24, **51f**
Pohlenz-Schänke 34
Pritzen 14
Pückler-Muskau, Hermann Fürst von 10, 19, 27, 40, 48f, 56, 59ff
Pulsnitz 27, 28f, **76**
Quitzdorf, Talsperre 96f, 99
Radduch, Ort/Slawenburg 9, **41**, 98
Radibor 22
Ralbitz 22
Rammenau **76**, 98
Rietschen, Erlichthofsiedlung 62
Saurierpark Kleinwelka 65f, *100/101*
Schlepzig 18, **42ff**
Schmetterlingshaus Jonsdorf 103
Seifhennersdorf 83
Senftenberg 9, **53ff**
Senftenberger See 9, 15, 46, 53, **55**, 96, 99
Silbersee 9
Sohland 92
Sorben/Sorbisch 8, 10, 20f, 22f, 58ff, 90ff, *103*
Spitzkunnersdorf 93
Spreewälder Kochakademie 34
Spreewald 8, 10, 16, 18, 23, 24ff, 28f, **30ff**, 96ff, 101f
Spreewaldhof Wotschofska 42
Spremberg 9, **56f**
Steinigtwolmsdorf 92
St. Marienthal, Kloster 70
St. Marienstern, Kloster 75f
Störche 18, *19,* 70, 102
Storcha 22
Straupitz 9, 28, **44f**
Strittmatter, Erwin 57
Tierpark Zittau 103
Töpfer 87
Trixi-Park Zittauer Gebirge 83
Tropical Islands Resort 11, **44**

IMPRESSUM

Umgebindehäuser 11, *16/17*, 21, 59, 80ff
Valtenberg 92
Vetschau 92, 102
Waltersdorf **83**, 99
Weberberg 99
Wehrsdorf 92
Weigsdorf-Köblitz 78

Weißenberg, Museum Alte Pfefferküchlerei 66
Weißer Stein 93
Weißig-Biehlaer Fischteiche 97
Weißstorch-Informationszentrum 102
Weißwasser 10, 28, 58, **63**, 99

Werben 34
Wilthen 13
Wittichenau 22
Zentendorf 70f
Zittau 10, 28, 58, 80, **87ff**, 92, 100, 103
Zittauer Gebirge 8, 10f, 15, 80ff, *96/97*, 98f

SCHREIBEN SIE UNS!

Liebe Leserin, lieber Leser,

wir setzen alles daran, Ihnen möglichst aktuelle Informationen mit auf die Reise zu geben. Dennoch schleichen sich manchmal Fehler ein – trotz gründlicher Recherche unserer Autoren/innen. Sie haben sicherlich Verständnis, dass der Verlag dafür keine Haftung übernehmen kann.

Wir freuen uns aber, wenn Sie uns schreiben.

Senden Sie Ihre Post an die MARCO POLO Redaktion, MAIRDUMONT, Postfach 31 51, 73751 Ostfildern, info@marcopolo.de

IMPRESSUM

Titelbild: Spreewald, Brandenburg, Hauptspree (Look: Hauke Dressler)
Fotos: Colorvision: Uthoff (4 l., 26, 27, 29, 37, 39, 63, 66, 71, 73, 79, 89, 103, 107, 108/109); Euro-Speedway: Uwe Reichhold (12 u.); Eventagentur Blue Water Riesa (15 o.); Fabrikantenkeller (95 M.l.); Filmgruppe 8: Nico Herzog (15 u.); Filmtheater Weltspiegel: Dr. Ralf Berndt (95 M.r.); J. A. Fischer (3 l., 3 M., 28/29, 48); ©fotolia.com: Jürgen Fischer (94 u.r.), fooddesign (94 M.l.); GARP (14 M.); R. M. Gill (2 r., 44); HB Verlag: Fischer (4 r., 5, 11, 22/23, 24/25, 28, 43, 45, 46/47, 51, 53, 57, 76, 77, 87, 96/97, 100/101); Susann Hempel (12 o.); Huber: Damm (60), Gräfenhain (6/7, 30/31), Schmid (3 r.); IBA: Steffen Rasche (14 o.); F. Ihlow (2 l., 8/9, 20, 58/59, 82, 90/91, 93); IMAGECONCEPT GmbH: Rainer Weisflog (14 u.); ©iStockphoto.com: Thomas Bredenfeld (95 u.r.); Laif: Glaescher (69), Jonkmanns (41), Kirchner (32), Lengler (5); H. Lange (22, 64); Look: Dressler (1, 19, 36), Limberger (54/55); A. M. Mosler (Klappe rechts, 35); Naturschutzzentrum Neukirch (13 o.); pro gastra – Gastgewerbe GmbH (13 u.); Evelin Rühtz-Müller (95 o.l.); Schröder Management GmbH (94 o.l.); O. Stadler (16/17, 80/81); K. Sucher (126 l.); Tauch- und Freizeitcenter Laasow (94 M.r.); K. Thiele (23); B. Wurlitzer (Klappe links, Klappe Mitte, 75, 84, 99, 126 r.)

8., aktualisierte Auflage 2009
© MAIRDUMONT GmbH & Co. KG, Ostfildern
Chefredaktion: Michaela Lienemann, Marion Zorn
Autoren: Kerstin Sucher, Bernd Wurlitzer; Redaktion: Jochen Schürmann
Programmbetreuung: Jens Bey, Silwen Randebrock; Bildredaktion: Barbara Schmid, Gabriele Forst
Szene/24h: wunder media, München
Kartografie Reiseatlas: © MAIRDUMONT, Ostfildern
Innengestaltung: Zum goldenen Hirschen, Hamburg; Titel/S. 1–3: Factor Product, München

Kerstin Sucher und Bernd Wurlitzer haben sich als Reisejournalisten auf die neuen Bundesländer spezialisiert.

Woher kommt Ihre Liebe zur Lausitz?

K.S.: Als Kind habe ich einige Jahre mit meinen Eltern in der Lausitz, in Rietschen, gelebt. Später wohnte ich in Meißen, also sozusagen am Rand der Lausitz. Von Berlin, wo wir beide heute zu Hause sind, ist dieser Landstrich rasch zu erreichen.

B.W.: Als Journalist kenne ich die Dörfer und Städte in der Lausitz schon sehr lange, die Fließe des Spreewaldes ebenso wie die Museen des Zittauer Gebirges. Oft war ich bei Sorben zu Gast. Ich war im Land bereits unterwegs, als es noch von Braunkohletagebauen verschandelt war. Nun verfolge ich mit großem Interesse, wie diese sich zu Europas größter künstlich geschaffener Seenlandschaft verwandeln.

Was machen Sie beruflich?

B.W.: Wir arbeiten als Tourismusjournalisten und sind oft auf Reisen. Studiert habe ich Journalistik und Fotodesign, und ich war schon zu DDR-Zeiten als freier Journalist tätig. Von mir gibt es mehr als drei Dutzend touristische, kunstgeschichtliche und länderkundliche Bücher, die Zeitungsbeiträge sind nicht zu zählen.

K.S.: Ich bin Diplom-Sprachmittlerin; dem Tourismus habe ich mich nach der Einheit zugewandt, in Weimar war ich lange für das Auslandsmarketing zuständig und habe dadurch die Welt von London bis Tokio bereist. Vor einigen Jahren bin ich dann nach Berlin gekommen, um mit Bernd zusammenzuarbeiten. Sehr viel Zeit beanspruchen unsere jetzt schon elf MARCO-POLO-Reiseführer, die immer aktuell sein müssen sowie die Website *www.rasch-mal-weg.info*, für die Bernd Redaktionsleiter ist.

Wie sieht Ihre Freizeit aus?

K.S.: Freizeit und Beruf lassen sich vielfach nicht trennen. Aber dennoch: Oft und gern höre ich klassische Musik, und einen guten Roman habe ich stets bei mir. Bernd schleppt immer einen Stapel touristischer Fachliteratur und Presseinformationen mit sich herum, doch den abzuarbeiten gelingt ihm nie, weil täglich Neues hinzukommt.

Mögen Sie die Küche der Lausitz?

B.W.: Kerstins Lieblingsessen ist Zander in Spreewaldsauce. Ich mag die Karpfenzeit. Wenn dann sogar Karpfensuppe auf der Karte steht, bin ich glücklich.

10 € GUTSCHEIN
für Ihr persönliches Fotobuch*!

Gilt aus rechtlichen Gründen nur bei Kauf des Reiseführers in Deutschland und der Schweiz

SO GEHT'S: Einfach auf www.marcopolo.de/fotoservice/gutschein gehen, Wunsch-Fotobuch mit den eigenen Bildern gestalten, Bestellung abschicken und dabei Ihren Gutschein mit persönlichem Code einlösen.

Ihr persönlicher Gutschein-Code: `mptdby7kpa`

MARCO POLO

MEINE REISE
Die schönsten Erinnerungen

Erlebe Deine Bilder!

Zum Beispiel das MARCO POLO FUN A5 Fotobuch für 7,49 €.

www.marcopolo.de/fotoservice/gutschein

> BLOSS NICHT!

Mückenschutz vergessen

Mückenschutzmittel bei der Fahrt in den Spreewald nicht vergessen! In manchen Jahren kann die Stechmücke die Freude einer Kahnfahrt erheblich beeinträchtigen. Auf die alte Spruchweisheit der Einheimischen, „spielen zu Weihnachten die Mücken, wird Sie zu Johannis (24. Juni) Kälte zwicken", sollten Sie nicht unbedingt vertrauen.

Vorfahrt missachten

Paragraph 1 des Spreewald-Knigges lautet, dass die Kähne immer Vorfahrt vor Paddelbooten haben. Wer das missachtet, dem drohen die Fährmänner mit dem Rudel, der langen Eschenholzstange.

Ohne Genehmigung angeln

Wer ohne Erlaubnisschein angelt, begeht Fischwilderei. Das Schwarzfischen wird als Ordnungswidrigkeit geahndet und kann mit Geldstrafen bis zu 500 Euro bestraft werden. Die Fischmeister haben als Hilfsbeamte der Staatsanwaltschaft polizeiliche Befugnisse.

Einbruchgefahr missachten

Große Flächen der Lausitz sind Bergbaugebiet. Respektieren Sie die Schilder „Lebensgefahr" unbedingt, denn schnell können Sie auf den Kippen ins Rutschen kommen oder in verdeckte Gruben einbrechen!

Felsen hochkraxeln

Versuchen Sie bitte nicht, die Felsen im Zittauer Gebirge hochzukraxeln. Sie sind aus Sandstein und bröckeln deshalb sehr leicht, was rasch zu Abstürzen führen kann. Klettern sollte Bergsteigern vorbehalten bleiben, es sei denn, ein ortskundiger Experte befindet sich an Ihrer Seite.

Naturfrevel begehen

In den Naturschutzgebieten sowie den Zonen I und II der Biosphärenreservate Spreewald und Oberlausitzer Heide- und Teichlandschaft ist der Mensch Gast der Natur. Beeren, Pilze, Kräuter und Mineralien dürfen hier nicht gesammelt werden. Ärger gibt es auch, wenn Sie die Wege verlassen, die Wiesen betreten, angeln oder Ihren Hund frei laufen lassen.

Ohne Landkarten losziehen

Begeben Sie sich auf keinen Fall ohne Wasserwegekarte in das Spreewaldlabyrinth. Gute Karten nennen die Namen der Fließe, die Schleusen sind eingezeichnet. Wie diese bedient werden, finden Sie selten in den Karten, sondern meist auf Schildern an den Bauwerken. Im Zittauer Gebirge ist die Wegemarkierung sehr gut, dennoch empfiehlt es sich, auf jeden Fall eine Wanderkarte mitzuführen.